BEI GRIN MACHT SICH IHR WISSEN BEZAHLT

- Wir veröffentlichen Ihre Hausarbeit, Bachelor- und Masterarbeit

- Ihr eigenes eBook und Buch - weltweit in allen wichtigen Shops

- Verdienen Sie an jedem Verkauf

Jetzt bei www.GRIN.com hochladen und kostenlos publizieren

GRIN

Du bist schuld! Eine Untersuchung über Scheidungen, die Gründe dafür und Mittel dagegen

Wilhelm Kratochwil

Bibliografische Information der Deutschen Nationalbibliothek:

Die Deutsche Nationalbibliothek verzeichnet diese Publikation in der Deutschen Nationalbibliografie; detaillierte bibliografische Daten sind im Internet über http://dnb.d-nb.de abrufbar.

ISBN: 9783346393937
Dieses Buch ist auch als E-Book erhältlich.

Coverbild: pixabay.com

Druck und Bindung: Books on Demand GmbH, Norderstedt Germany
Gedruckt auf säurefreiem Papier aus verantwortungsvollen Quellen

Das vorliegende Werk wurde sorgfältig erarbeitet. Dennoch übernehmen Autoren und Verlag für die Richtigkeit von Angaben, Hinweisen, Links und Ratschlägen sowie eventuelle Druckfehler keine Haftung.

Das Buch bei GRIN: https://www.grin.com/document/1012532

Wilhelm Kratochwil

DU BIST SCHULD !

Eine Untersuchung über Scheidungen, die Gründe

dafür und Mittel dagegen

Vorwort

Liebe Leserinnen und Leser!

Im Vorwurf „Du bist schuld!" gipfeln viele Streitigkeiten zwischen Partnern, ohne dass sich der Vorwerfende über die Projektion und seinen Anteil an der Konfrontation im Klaren ist. Einer äußerte bei dieser Gelegenheit: „Ich würde ja meine Fehler zugeben, wenn ich welche hätte"; nur dass man so zu keiner konstruktiven Diskussion und schon gar nicht zu einer Lösung gelangt, sieht wohl ein Unbefangener ein, aber kaum ein Mensch in Rage.

Die Intentionen dieses Buches habe ich auf der Rückseite des Covers dargelegt, und bitte Sie, einen Blick darauf zu werfen. Hier möchte ich Ihnen zur Aufhellung der meist ernsten Materie einen Witz erzählen. Der Lehrer fragt: „Wie nennt man das, wenn man nur 1 Partner heiraten darf?" Eifrig meldet sich der Maxl und der Lehrer ruft ihn auf: „Na Maxl, wie heißt das?" „Monotonie, Herr Lehrer!"

Ich hoffe, dass Sie diesem Buch den einen oder anderen Hinweis für Ihre eigene Praxis entnehmen können. Man lernt nie aus – zu leben.

München, im April 2021   Der Autor

Inhaltsverzeichnis

Die Scheidung

1. Scheidungszahlen von 1973 – 2019 (Angaben Bundesamt für Statistik)

1973	90 164	**1985**	128 124	**1997**	187 802	**2009**	185 817
1974	98 584	**1986**	122 443	**1998**	192 416	**2010**	187 027
1975	106 829	**1987**	129 850	**1999**	190 590	**2011**	187 640
1976	108 258	**1988**	128 729	**2000**	194 408	**2012**	179 147
1977	74 658	**1989**	126 628	**2001**	197 498	**2013**	169 833
1978	32 462	**1990**	122 869	**2002**	204 214	**2014**	166 199
1979	79 490	**1991**	136 317	**2003**	213 975	**2015**	163 335
1980	96 222	**1992**	135 010	**2004**	213 691	**2016**	162 397
1981	109 520	**1993**	156 425	**2005**	201 693	**2017**	153 501
1982	118 483	**1994**	166 052	**2006**	190 928	**2018**	148 066
1983	121 317	**1995**	169 425	**2007**	187 072	**2019**	149 010
1984	130 744	**1996**	175 550	**2008**	191 948	**2020**	n. b.

2. Interpretation der Scheidungszahlen

Die langfristige Entwicklung der Scheidungszahlen zeigt eine deutliche Abnahme in den Jahren 1977 bis 1979, was auf die Änderung des Scheidungsrechts zum 1. Juli 1977 im früheren Bundesgebiet zurückgeht. Damals ersetzte der Gesetzgeber das bis dahin geltende Schuldprinzip durch das Zerrüttungsprinzip und führte darüber hinaus umfangreiche Neuregelungen zum Vermögens- und Versorgungsausgleich der ehemaligen Partner ein: nicht der Schuldige, sondern der finanziell Besserstehende zahlt jetzt. Eine Zunahme der Scheidungen zeigt sich 1991 und in den folgenden Jahren: Ursache hierfür war unter anderem die Einführung des bundesdeutschen Scheidungsrechts in den neuen Ländern infolge der Wiedervereinigung. Seit 2005 nahmen die Fallzahlen fast kontinuierlich ab.

3. Scheidungsquoten von 1960 bis 2019

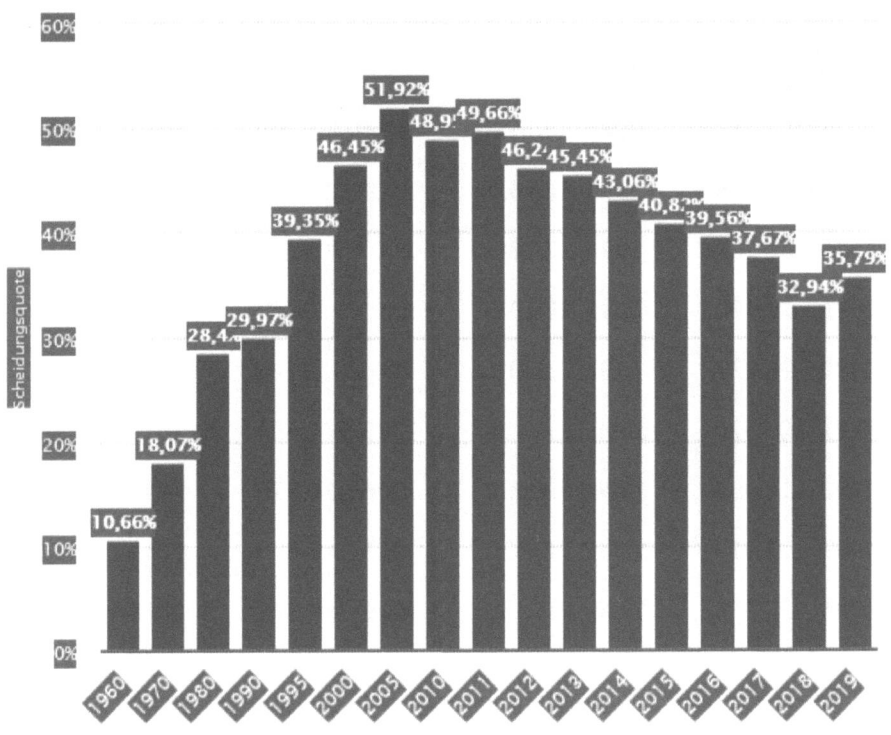

(Quelle: Statista 2021)

Die Scheidungsquote gibt das Verhältnis der Scheidungen zu den Eheschließungen an und ist daher eine relative Zahlenangabe. Die ersten 4 Säulen zeigen die Zahlen für 1960, 1970, 1980 und 1990, die Säulen 5 – 8 die Zahlen für 1995, 2000, 2005 und 2010, ab Säule 9 die Zahlen für jedes Jahr von 2011 – 2019; der Maßstab ist also etwas verzerrt: die Zahlen steigen nicht so steil an, wie der erste Blick nahelegt.

Während die Scheidungen bis zu ihrem Höchststand von 213.975 im Jahr 2003 zunahmen und seither mit 148.066 im Jahr 2018 in einer langsamen Abnahme begriffen waren, verringerten sich auch die Eheschließungen seit dem höchsten Stand von 516.366 im Jahr 1990 langsam und kontinuierlich bis 2013 auf 373.655 und stiegen seither wieder leicht auf 416.340 im Jahr 2019 an. Weil die Scheidungszahlen fielen und die Eheschließungen wieder zunahmen, ging die Scheidungsquote von dem fast beängstigenden Höchststand von 51,92 % im Jahr 2005 (mehr als jede 2. Ehe bundesweit!) auf 32,94 % im Jahr 2018 zurück. 2019 nahmen die Scheidungen stärker als die Eheschließungen zu, sodass die Scheidungsquote auf 35,79 Prozent anstieg. Coronabedingt zeichnet sich für 2020 eine Abnahme der Heiraten und außerdem ein Zuwachs bei Scheidungen ab, sodaß die Scheidungsquote wieder deutlich ansteigen dürfte.

4. Bemerkungen zum Scheidungsverhalten

Während in früheren Zeiten eine Scheidung in katholischen Gebieten als eine Art Sakrileg betrachtet wurde, und man mich noch im Jahr 1961 anläßlich der Einstellung bei der damaligen Deutschen Bundespost in München fragte, ob es in meiner Familie Scheidungen gebe , hat sich die Auffassung wegen des Wertewandels und der Änderungen des Scheidungsrechts grundlegend geändert:

* Frauen sind infolge zweier Weltkriege in die Erwerbstätigkeit hineingewachsen und verfügen oft über ein eigenes Einkommen.

* Die neuen Scheidungsgesetze fallen für die bisherige Ehefrau günstiger und für eine Nachfolgerin finanziell ungünstiger aus.

* Partner werden oft als „Lebensabschnittspartner" und als austauschbar angesehen. Die Partner haben wachsende Erwartungen an ihre Beziehung; Konsum und Freizeitbedürfnisse lassen zudem Aspekte der Kindererziehung und der Versorgung in den Hintergrund treten.

* Direkt nach dem 6. Ehejahr werden die meisten Scheidungen beantragt. Generell geht die Initiative in 51,5 % von der Ehefrau, in 40,9 % vom Ehe-

mann, und bei 7,6 % von beiden aus. Nach mindestens 25 Ehejahren in der Midlife – Crisis, und wenn die Kinder aus dem Haus sind, liegt ein 2. Scheidungsgipfel.

* Die Hälfte der Geschiedenen hatte minderjährige Kinder. Im Jahr 2017 waren 124.000 Kinder von der Scheidung ihrer Eltern betroffen. Gerade Alleinerziehende und bei ihnen lebende Kinder sind besonders durch Armut gefährdet; so lebt jedes 5. Kind in der BRD in Armut oder am Rande davon.

* Die Scheidungsraten differieren örtlich stark. In den Städten (außer in Berlin) werden die meisten Ehen geschieden. Die Landbevölkerung und traditionell katholische Gebiete weisen eine geringere Scheidungsrate auf.

* Es haben sich auch alternative Lebensformen wie das Zusammenleben ohne Trauschein oder gleichgeschlechtliche Lebensgemeinschaften etabliert.

5. Verfahren bei Scheidungen

Die Scheidung wird vom Familiengericht in nichtöffentlicher Sitzung verhandelt. Es ist zweckmäßig, sich dabei von einem Anwalt/einer Anwältin beraten und vertreten zu lassen. Auch die gemeinsame Bestellung eines Rechtsvertreters / einer Rechtsvertreterin durch beide Parteien ist möglich, ebenso wie der Versuch der Mediation durch einen Anwalt/eine Anwältin, bevor eine Scheidung ins Auge gefaßt wird.

Vor Einreichung der Scheidung muß im Regelfall ein Trennungsjahr abgewartet werden, nach dessen Ablauf das Scheitern der Ehe vermutet wird. Bei Auszug eines Partners wird die Trennung angenommen, sie ist aber auch in derselben Wohnung möglich, wenn kein Partner für den anderen tätig wird. Gerichte erkennen einen Scheidungsantrag an, der maximal 2 Monate vor Ablauf des Trennungsjahres eingereicht wird. Ab der Trennung behandelt das Finanzamt beide Partner wie Alleinstehende. Formal ist die Scheidung eines kinderlosen Paares bei einer Ehedauer von weniger als 3 Jahren (unter Einhaltung des Trennungsjahres) am einfachsten.

Nach § 1565, Abs. 2 BGB kann die Scheidung eher erfolgen, wenn die Fortsetzung der Ehe eine unzumutbare Härte für einen Ehepartner bedeuten würde und die objektiven Gründe dafür in der Person des anderen Ehepartners liegen (sog. „Blitzscheidung"). Subjektive Bewertungen wie Lieblosigkeit oder emotionale Kälte reichen dafür nicht aus ebensowenig eine nachlässige Haushaltsführung, häufige Eifersuchtsszenen, eine einmalige körperliche Mißhandlung oder ein Seitensprung. Wegen der Gründe wird da gewöhnlich „schmutzige Wäsche gewaschen" wie früher während der Geltung des Verschuldensprinzips.

Wann lassen Gerichte eine Blitzscheidung zu?

* Bei Alkoholabhängigkeit oder Drogensucht ohne Aussicht auf Besserung, weil eine Entziehungskur abgelehnt wurde oder fehlgeschlagen ist.
* Morddrohungen, sonstige Bedrohungen/schwere Beleidigungen oder wiederholte Gewalt gegen Ehepartner und Kinder;
* erniedrigende Behandlung wie Mißhandlung vor den Kindern, Prostitution;
* Ehebruch von mindestens 3-monatiger Dauer oder Aufnahme einer neuen Beziehung, wenn vom Partner ein Kind erwartet wird.
* Eine Unterhaltsverweigerung kann zur Scheidung wegen unzumutbarer Härte führen.

Eine internationale Scheidung liegt vor, wenn einer der Ehegatten eine ausländische Staatsangehörigkeit besitzt, oder im Ausland lebt. In manchen Fällen kann ausländisches Scheidungsrecht gewählt werden, bei dem ggf. kein Trennungsjahr vorgeschrieben ist.

In Einzelfällen besteht die Möglichkeit der Eheaufhebung, etwa wenn gegen das Verbot der Doppelehe verstoßen wurde, oder bei arglistiger Täuschung beispielsweise über Vorstrafen. Dann gilt die Ehe als von vornherein ungültig.

Etwas zur Geschichte und Ethnologie der Ehe

Nach Meinung von Forschern gab es immer schon und verbreitet Promiskuität, Polygamie in Form von Polygynie (1 Mann hat mehrere Frauen), Polyandrie (in einigen Gesellschaften hat 1 Frau mehrere Männer), Gruppenehe (früher auf Hawaii) und Monogamie. Es existierte die Raubehe und die Kaufehe, im Islam der Zwölfer-Schiiten im Iran bis heute die Genußehe (mut'a) auf Zeit ohne Formalien für ½ Stunde bis zu 99 Jahren, die von den Sunniten als zina (Prostitution) abgelehnt wird. Mohammed erlaubte 4 Frauen und gebot, alle gleich zu behandeln. Im Serail des türkischen Sultans lebten hunderte Frauen. Rangkämpfe und Stutenbissigkeit gab es auch dort; wenn eine Frau dem Sultan einen Sohn schenkte, stieg sie rangmäßig auf. In Tahiti herrschte bis zur Ankunft der Europäer freie Liebe, da die Natur 3 Ernten im Jahr ohne Arbeit bot - ein Beispiel für die Bestimmung von Bewußtsein und Sitten durch den ökonomischen Überbau, im Calvinismus aber bestimmten rastlose Tätigkeit ‚zur Ehre Gottes' und Sparsamkeit unter erheblicher Kapitalbildung die Ökonomie. Bei Tieren leben Vögel zu 90 % in Monogamie, Säuger über 90 % in Polygynie (bei Vögeln sind Männchen das schöne Geschlecht, bei Säugern Weibchen). Die häufigste Form der Ehe bildet die Exogamie Nichtverwandter: das ist im Sinne der Natur, weil sie die Gene durchmischt weiterverbreitet und die dominante Vererbung von Erbkrankheiten verhindert. Das Gegenteil bildete die ehemals in Dörfern häufige Inzucht, welche die sprichwörtlichen „Dorfdeppen" hervorbrachte. Bei den ägyptischen Pharaonen durften nur Bruder und Schwester heiraten, Erbkranke wurden „ausgesondert"; diese eugenische Roßkur sollte die Dynastie durch Vererbung bloß gesunder Gene stärken. In Rom entschied der pater familias über die Akzeptanz Neugeborener durch Aufheben vom Boden.

Die Liebesheirat ist ein Produkt der Romantik. In orientalischen Ländern war und ist es immer noch üblich, eine Heirat durch die Familie auszuhandeln; Zwangsehen sind dabei in Verruf geraten. Da es keine entsprechenden Statistiken gibt, kann nicht gesagt werden, welches Verfahren besser funktioniert, wobei natürlich auch im Orient Liebesheiraten möglich sind.

Im Deutschland des Mittelalters galt die Eheschließung als rein weltliches Ritual: der Muntanwalt (Brautvater oder anderer männlicher Verwandter als Inhaber der personenrechtlichen Gewalt über die Braut) übergab diese dem künftigen Ehemann gegen Zahlung des Muntschatzes an die Familie der Braut; die Munt ging damit auf den Ehemann über. Wegen der Ebenbürtigkeit und um keine Privilegien zu verlieren, heiratete man fast nur im gleichen Milieu. Seit dem 12. Jahrhundert wurde die Heirat zunehmend zu einem kirchlichen Ritual. Wegen der consumatio matrimonii, die die Unauflöslichkeit der Ehe besiegelte, mußte sich das Paar vor Zeugen bekleidet unter eine Decke legen (von daher stammt wohl der Ausdruck „sie stecken unter einer Decke"). Das IV. Laterankonzil führte 1213 die Formpflicht für die Ehe ein, während sie Luther als „ein weltlich Ding" ansah. Gesellen durften nur nach Beendigung der Lehrzeit und mit Genehmigung des Meisters frühestens ab einem Alter von 15 Jahren heiraten. Die heutige lange Schul- und Ausbildungszeit für viele Berufe bedingt eine spätere Heirat als im Mittelalter, und bringt eine längere Jugendzeit mit sich. Wegen der generell kürzeren Lebenserwartung und der hohen Müttersterblichkeit bis zu Ignaz Semmelweis, dem Retter der Mütter, der als erster ärztliche Instrumente nach dem Sezieren desinfizierte, dauerten Ehen früher kürzer als heute.

Tricks der Natur und Konsequenzen daraus

Die Natur hat nur e i n Ziel – die Erhaltung der Art, ohne auf das Glück und Wehe von Individuen Rücksicht zu nehmen. Am deutlichsten wird das z. B. beim Laichen von Fischschwärmen: Milliarden von Eiern werden ausgestoßen, befruchtet, und wenn sie von anderen nicht aus dem Wasser gefiltert und gefressen werden oder kaputtgehen, schlüpfen aus einem Teil davon Jungfische. Nur sehr wenige davon erreichen das volle Alter, da die große Mehrzahl der jungen und heranwachsenden Fische anderen Tieren sowie dem Menschen zur Nahrung dient. Darauf basiert die sog. Nahrungskette.

Der Mensch ist Teil der Natur und die Natur will auch diese species erhalten. Also verwendet sie ihr Trickrepertoire, um ihn zur Fortpflanzung zu bewegen, auch wenn er es gar nicht will. Der Mann verströmt im Orgasmus zahlreiche Spermien. Warum auch Frauen Orgasmen haben, darüber zerbrechen sich manche Forscher den Kopf. Mir leuchtet das ohne viel Nachdenken ein: die Frauen haben das Theater mit Geburt, Versorgung und zumeist auch der Erziehung von Kindern, da muß ihnen die Natur wenigstens die Aussicht auf ein überwältigendes Gefühl bieten, damit sie den Verkehr überhaupt wollen. Gewinn von Lust und Vermeidung von Schmerz sind grundlegende Wünsche der Individuen, die sie die Evolution gelehrt hat.

Daher macht die Natur Mensch und Tier ‚verliebt': der Auerhahn ist bei der Balz blind, und oft auch der Mensch. Zumeist hängt für ihn der Himmel voller Geigen, und er sieht alles durch eine rosa Brille. Würde er bei dieser Gelegenheit die wahre Natur seines Gegenüber erkennen, wäre es oft sofort mit dem Glück vorbei. Er projiziert alle seine Wünsche und Sehnsüchte auf den/die Partner/in. Hüpfen die beiden in die Kiste, schüttet der Körper Oxytocin, das sog. „Glückshormon", Dopamin und diverses Anderes aus. Oxytocin hat nun die hinterlistige Eigenschaft, für den chemischen Abbau einen Monat zu benötigen. Während dieser Zeit bekommt somit die Natur die Chance, bei zumeist 2 Eisprüngen der Partnerin eine Schwangerschaft herbeizuführen, und die beiden zur „Brutpflege" zusammenzuhalten. Aus solchen Schwangerschaften entstehen nicht wenige Ehen. Im Volksmund sagte man dann, vor allem auf dem konservativen Land „sie mußten heiraten". Oxytocin ist aber nicht nur das „Kuschelhormon", sondern entfaltet außerdem noch viele andere positive physiologische und psychologische Effekte.

Kinder ohne Väter und Mütter ohne Ernährer kamen früher oftmals in große wirschaftliche Not. Darum gebot die Moral vieler Kulturen sexuelle Enthaltsamkeit vor der Ehe, und sanktionierte Verstöße dagegen. Im wesentlichen brachte erst die Erfindung der „Pille" den „Genuß ohne Reue", wodurch sich auch die Moral grundlegend veränderte.

Da sich wegen der langen Ausbildungszeit die „Jugendzeit" entsprechend verlängerte, aber der Mensch keine Maschine ist, der seine Wünsche an-/ausknipsen kann, gibt es gerade in der Jugend viele Liebschaften, die nicht zu einer Ehe führen. Und das ist auch gut so: „Drum prüfe, wer sich ewig bindet, ob sich das Herz zum Herzen findet. Der Rausch ist kurz, die Reu ist lang" (Schiller). Papst Johannes Paul II. meinte dazu, wie man nicht auf Probe sterben könne, könne man auch nicht auf Probe leben. Logisch betrachtet ist dieses rhetorische Argument falsch: der Punkt ist nicht, zu entscheiden, ob man leben will oder nicht, sondern w i e . Bei Angestellten, Beamten, ja sogar bei Klosterfrauen gibt es Probezeiten, nach denen eine Festanstellung bzw. die sog. „ewigen" Gelübde erfolgen, warum ausgerechnet nicht vor einer auf Jahrzehnte angelegten Lebensgemeinschaft?

Scheidungsgründe

1. Schon von Anfang an vorprogrammierte Eheprobleme

Die Scheidungsanwältin Ines Daun hat in ihrem Buch „Lieber lange lieben", Verlag Eden Books, eine Reihe solcher Probleme aus ihrer 25-jährigen Erfahrung beim Namen genannt und der Aufzählung derselben einige generelle Ausführungen vorangestellt:

„Liebe ist ein Geschenk, an dem man arbeiten muß, <u>vor allem an sich selbst</u>. Wahre Liebe ist Seelenverwandtschaft, eine tiefe Verbindung, selbst bei getrennten Wegen und unterschiedlichen Meinungen, Verbundenheit spüren in Kombination mit Begehren - nicht nur in erotischem Sinne, sonsondern in liebevoller Zugewandtheit, und die Kraft, den anderen zu lassen, wie er ist. Wenn mir das nicht gelingt, obwohl ich an mir arbeite, dann ist es nicht der richtige Partner." Das gilt vor und während einer Ehe oder Partnerschaft. Man kann auch annehmen, dass nicht jeder dafür geschaffen ist. Oscar Wilde hat dazu ein Bonmot geprägt: „Die Ehe ist ein Versuch, zu zweit wenigstens halb so glücklich zu werden, wie man allein gewesen ist." Spötter bezeichnen das Wort EHE als Abkürzung für „errare humanum est" (Irren ist menschlich).

Im Einzelnen identifiziert Ines Daun folgende Probleme vor Eingehen einer Partnerschaft:

a) Ein Mann muß schon beim 1. Date wissen, was er will: eine Frau zum Repräsentieren, eine Karrierefrau mit gutem Verdienst, die ganz-/halbtags arbeitet, oder will er Kinder und eine gute Mutter und Hausfrau? Das sogen. „Problemwälzen" dient diesem Zweck. Liebe geht auch durch den Magen.

b) Man sollte genau hinhören, wenn er / sie von seinem / ihrem Ex erzählt. Wenn eine(r) diese(n) schlecht macht, spricht das für mangelnde Einsicht sowie Konfliktfähigkeit; am Scheitern einer Ehe haben beide Partner Anteil, wenn auch in verschiedenem Ausmaß.

c) Fehler beim Zusammenziehen: „Mutti" machte alles besser. Es fehlt an Disziplin, und ein Partner läßt sich bald gehen; Schlabberlook gefällt nicht jedem, und Manieren sind auch in der Partnerschaft nötig. Wenn einem Partner etwas mißfällt, sollte der andere darauf Rücksicht nehmen. Für alle Fälle sollte man einen Notgroschen auf der Seite haben.

d) Schon vor der Hochzeit sollte man über einen Ehevertrag nachdenken, insbesondere wenn ein größeres Vermögen oder eine Firma vorhanden ist. Das wäre vernünftig. Werden sich 2 schon darüber nicht einig, oder hat einer das Gefühl, dass ihn der andere über den Tisch ziehen will: Hände weg! Die Fachanwältin Ines Daum empfiehlt einen Ehevertrag, während laut Statistik ein solcher oft zu einer geringeren Stabilität der Ehe führen soll, wie Volker Bellaire behauptet. Doch auch er empfiehlt ihn bei Ehen von Unternehmern, einem höherem Vermögen und einem großen Altersunterschied der Partner.

e) Frauen sollten sich über der Sorge für die Kinder nicht selbst vergessen, und sich nicht komplett vom Partner abhängig machen: Freundinnen, Hobbies und „100 Taschen" wie die Lust am Shopping bewahren die Eigenständigkeit.

f) Zeit mit und füreinander, gute Gespräche (eine gute Ehe ist ein ständiges Gespräch), guter Sex (fehlt dieser, geht die Partnerschaft meist kaputt), dazu Romantik und Achten auf den Erhalt der Attraktivität sind in der Ehe angesagt.

Als weiteren Grund möchte ich anfügen: viele Paare kommen rein zufällig zusammen, ohne zusammenzupassen. Sie werden, wie oben ausgeführt, von der Natur „überlistet". In jedem Organismus sind männliche und weibliche Hormone vorhanden. Je männlicher ein Mann ist, desto weiblichere Frauen wird er anziehen, und je weiblicher eine Frau ist, wird sie mit umso männlicheren Männern harmonieren. Hat aber ein Mann weniger männliche oder eine Frau weniger weibliche Hormone, aber umso mehr gegengeschlechtliche, müßte der/die Partner/in das Defizit durch entsprechend mehr gegengeschlechtliche Hormone ausgleichen. Dies drückte schon der Platonische Mythos von den Kugelmenschen aus: im Ursprung seien die Menschen eine vollkommene Kugel gewesen. Zeus neidete ihnen die Vollkommenheit und habe sie mit einem Blitz in 2 Stücke zerteilt. Seitdem sucht jeder Teil davon nach seiner perfekten Ergänzung zu einer Kugel. Dieser Mythos spricht eine psychologische Wahrheit aus: je besser die Ergänzung ist, desto besser funktioniert eine Partnerschaft. Doch auch dann kann die vorgezeichnete Harmonie durch Probleme des Charakters (siehe später) oder existentielle Nöte gestört werden („Schaut die Not zur Tür herein, fliegt die Lieb' zum Fenster raus.")

2. Im Lauf der Ehe auftretende Probleme

Sie machen das Gros aus, wenn es zur Trennung / Scheidung kommt. Es ist daher von Vorteil, darüber nachzudenken und Strategien dagegen zu entwerfen. Häufige und allgemein bekannte Gründe sind:

* Der Zauber des Anfangs, Verliebtsein und Leidenschaft vergehen, das Vergängliche wird oft mit „Liebe" verwechselt. Später folgen Flauten im Bett, fehlende Zärtlichkeit, fehlender Sex (Frigidität, Gewöhnung, Lustlosigkeit);

* ein fehlender gemeinsamer Nenner (meist bei überstürzten Heiraten);

* Auseinanderleben im Laufe der Zeit;

* Untreue (Seitensprung, Ehebruch, Verhältnis),

* physische und/oder psychische Gewalt.

Die bisherigen Darlegungen galten der Diagnose der Lage, in den folgenden Kapiteln werde ich verschiedene aktuelle Hilfen und Ansätze zur Therapie behandeln.

Interventionen

1. Gegen aktuelle Gewalt des Partners

* Hilfe-Telefon 08000 116 016.

* In Frauenhäusern finden Frauen und ihre Kinder als Opfer von Gewalt eine geschützte Unterkunft, Beratung und Begleitung; die Angebote hängen von der Platzkapazität und den personellen Ressourcen ab. Die

Adressen werden zum Schutz der Betroffenen nicht öffentlich bekanntgemacht, die Kontakte finden gewöhnlich telefonisch statt. Die Beratung im Frauenhaus sowie vor und nach dem Aufenthalt ist kostenlos; an den Unterbringungskosten werden die Frauen durch Benutzungsgebühren beteiligt. Falls sie diese Mittel nicht aufbringen können, werden Lösungen mit den Sozialämtern gesucht. Tel.: (030) 338 43 42 - 0, e-mail: info@frauenhauskoordinierung.de.

* Der „Weiße Ring" hilft Opfern von Kriminalität vielfältig: durch Betreuung nach einer Straftat, Begleitung zu Terminen bei Polizei /Gericht und sonstigen Behörden, Vermittlung von Hilfen, Hilfeschecks für anwaltliche oder psychotraumatologische Erstberatung / rechtsmedizinische Untersuchung, und weitere finanzielle Hilfestellung bei tatbedingten Notlagen.

Präventiv klärt der Weiße Ring über sexuellen Mißbrauch von Kindern und Cybermobbing auf. Bei versuchten oder vollendeten Tötungsdelikten und Sexualdelikten wird auf Staatskosten ein Opferanwalt gestellt. Zur Dokumentation von Stalkinghandlungen ist in den Stores für Apple- sowie Android-Smartphones eine App erhältlich. Telefon bundesweit: 116 006 täglich von 7 – 22 Uhr. Über www.weisser-ring.de ist eine Onlineberatung binnen 72 Stunden möglich. Man muß sich auf der website registrieren und ein Paßwort wählen.

2. Fachanwälte für Familienrecht

Über die website www.fachanwaelte-dav.de können Betroffene durch Anklicken des Links „Regionalbeauftragte" in der Menüleiste und Rücksprache mit dort Genannten einen Fachanwalt in der Nähe finden.

3. Therapien

Man unterscheidet dabei 2 Gruppen: Verhaltenstherapien und tiefenpsychologische Therapien. Das Gros der Therapien, die in Form von Einzel-, Paar-, Familien- und Gruppentherapien durchgeführt werden, gehört zu den ersteren, und führt relativ bald zu Ergebnissen, da Verhalten gelernt ist, verlernt werden kann, und zweckmäßiges Verhalten erlernt wird. Bei schwereren Persönlichkeitsstörungen (Neurosen) ist es nötig, in einer Einzeltherapie verdrängte Konflikte wieder bewußt zu machen, zu bearbeiten und damit aufzulösen. Das Verfahren kann für Patienten schmerzhaft sein, dauert längere Zeit, und ist kostenintensiv. Eine <u>Psychose</u> (Geistesoder Gemütskrankheit) behandelt ein Facharzt für Neurologie/Psychiatrie.

In der Hälfte der Problemfamilien sind minderjährige Kinder betroffen. Oft manifestiert sich in Störungen ihres Befindens als sog. <u>„Symptomträger"</u> ein Konflikt zwischen den Eltern, an dem sie stellvertretend seelisch erkranken. Unbewußter Sinn des Ganzen ist es, die Eltern wieder zusammenzubringen. An deren Streitigkeiten fühlen sie sich oft – grundlos – schuldig. Therapeuten führen mit allen Familienangehörigen gemeinsame Gespräche, aber auch Einzelgespräche, um die Sichtweisen der einzelnen Mitglieder kennenzulernen und so als Außenstehende einen möglichst objektiven Einblick in die Problemlage zu gewinnen („audiatur et altera pars" wie auch vor Gericht üblich).

Wegen der <u>Kosten</u> ist es empfehlenswert, sich die Therapie ärztlich verschreiben und von der Krankenkasse genehmigen zu lassen. Ohne Kostenübernahme beträgt das privat zu tragende Honorar pro Stunde zwischen 60 und 120 €.

Bis hierhin wurden externe Hilfen behandelt, aber auch jeder Einzelne kann dazu selbst – ohne fremde Hilfe – etwas tun, um Probleme in der Paarbeziehung oder der Familie einer Lösung zuzuführen, oder gar nicht erst aufkommen zu lassen. Der weise Konfuzius, Philosoph und zeitweise Mandarin des chinesischen Kaisers, sagte einmal: „Probleme eines Paares gehen dieses, Probleme der Familie aber die Gemeinschaft an." Die Familie ist die kleinste Einheit eines Gemeinwesens; wenn Familien gestört sind, beeinträchtigt es genauso den Staat. So sind zahlreiche Straftäter in zerrütteten Familienverhältnissen aufgewachsen, ohne daß man sie deswegen von eigenem Versagen freisprechen könnte: sie ließen sich gehen oder wählten gleich eine „linke Tour". Andererseits führen viele, obwohl sie in schlechten sozialen Verhältnissen aufgewachsen sind, trotzdem ein erfolgreiches Leben, weil dieses auch von Charakter und Persönlichkeitsbildung des Einzelnen abhängt. Hier möchte ich auch die Kinderdörfer des österreichischen Pädagogen Hermann Gmeiner erwähnen, die Waisenkindern das Aufwachsen in einer Ersatzfamilie ermöglichen. Leider verlieh man ihm nie den Friedensnobelpreis, obwohl er für den Frieden unter den Menschen mehr getan hat als viele Politiker.

Aussagen von Philosophie und Religion über das Miteinander

Kants kategorischer Imperativ: „Handle nur nach derjenigen Maxime, durch die du zugleich wollen kannst, dass sie ein allgemeines Gesetz werde", beinhaltet nicht nur eine Handlungsanweisung, sondern das Kriterium der Verallgemeinbarkeit als Grund für die Pflicht sich selbst und anderen gegenüber.

Hillels goldene Regel „Was dir verhaßt ist, das tue anderen nicht an!" ist ein hypothetischer Imperativ, ohne dass daraus eine Pflicht oder ein allgemeines Gesetz abzuleiten wäre. Kant kritisierte sie, und merkte an, dass jeder Verbrecher gegen seine Richter so argumentieren könnte. Aber als ein realistischer Minimalkonsens taugt diese Regel allemal und mehr als viele andere Vorschriften.

Jesus formulierte sein Gebot „Du sollst deinen Nächsten lieben wie dich selbst" (Markus 12, 31) in Übereinstimmung mit dem Alten Testament (3. Mose 19,18) und geht in Matthäus 5, 44 noch weiter, wenn er auch die Feindesliebe gebietet. Es ist aber viel verlangt, andere und sogar seine Feinde zu lieben, ohne auf deren Taten abzustellen. Die bei Lukas 19, 27 berichtete Aussage Jesu: „Meine Feinde aber, die nicht wollen, dass ich König über sie sei, bringet sie hierher, und erwürgt sie vor meinen Augen" widerspricht allerdings dem zitierten Gebot diametral.

Die Veden (ca. 1000 v. Chr.) und Upanishaden (um 800 v. Chr.) des Hinduismus lehren das Prinzip des Ahimsa (Nichtverletzen), das von den Jainas sogar noch verschärft wurde. Gandhi machte es zu seiner Taktik des politischen Widerstands.

Das indische Epos Mahabharata (400 v. – 400 n. Chr.) sagt mit den Worten des Weisen Markandeya: „Man soll niemals Falsches mit Falschem erwidern, sondern ehrbar gegen jene handeln, die einen unrecht behandelt haben."

Die Psychologie lehrt uns, dass Egoismus alle menschlichen Beziehungen stört. Das läßt sich mit dem Verhalten Putins und Trumps exemplarisch belegen. Bei allen Unterschieden des bisher Gesagten läßt sich jedoch die Tendenz feststellen, dass eine Art goldener Mitte im Ausgleich der Interessen des Individuums und seiner Mitmenschen liegt, woraus man Grundsätze für den Umgang mit ihnen ableiten kann.

Psychologie und Therapie-Konzepte

Wie erwähnt, lehrte das A. T. keinen unrealistischen Altruismus, sondern die Gleichwertigkeit von Selbst- und Nächstenliebe. Dahinter steht die alte Erfahrung, dass Misanthropen sich selbst nicht mögen und in der Übertreibung der Eigenliebe des Egoisten das Gefühl steckt, nicht liebenswert zu sein und nicht genug geliebt zu werden. Wer Probleme hat, macht Probleme. Sich selbst lieben kann nur, wer von seinem Selbstwert überzeugt ist, und keiner kann andere Menschen von seinem Wert überzeugen, der selbst nicht daran glaubt. Wie entwickelt man nun Annahme seiner selbst und ein starkes Selbstwertgefühl?

Die US-Amerikanerin Virginia Satir (+1988) war wohl die bekannteste Familientherapeutin. In ihrem Hauptwerk „Selbstwert und Kommunikation" nennt sie 4 Säulen der Therapie: Selbstwert, Kommunikation, Regeln des Familiensystems und die Verbindung mit der Gemeinschaft. Sie unterscheidet fördernde und gestörte Familien, aber viele Erwachsene wissen nicht, wie man eine fördernde Familie gestaltet. Wie jemand seine Macht und seinen Einfluß nutzt, hängt großenteils davon ab, was er in der Familie gelernt hat, in der er aufwuchs. Bei gestörten Familien blieben die Ursachen dafür wahrscheinlich für alle unsichtbar, weil sie nicht wußten, wo diese zu suchen sind, oder gelernt hatten, das Leben durch eine Brille zu sehen, die sie an der Wahrnehmung bestimmter Dinge hinderte. Verhalten ist gelernt, wir müssen falsches Verhalten jedoch nicht verlernen, sondern einfach richtiges Verhalten unserem Kodex hinzufügen, damit wir Problemverhalten nicht mehr ausführen wollen. Wenn ich jemand dafür gewinnen will, kann ihn einfach fragen: „Willst du mit mir ein Experiment machen, von dem ich glaube, dass es für uns beide hilfreich ist?"

1. Selbstwertgefühl

Virginia Satir empfiehlt beim gemeinschaftlichen Essen folgende <u>Übung:</u>

a) Wie fühlt es sich an, wenn mir jemand etwas sagt (Ton, Mimik, Inhalt)?
b) Achten Sie auf die Reaktion anderer, wenn Sie anderen etwas sagen!

Gefühle positiven Selbstwerts können nur in einer Atmosphäre gedeihen, in der individuelle Verschiedenheit zugelassen und Fehler toleriert werden, wo man offen miteinander spricht. Kinder aus Problemfamilien dagegen fühlen sich weniger wert. Dort herrschen eher vage, indirekte, keine offene und ehrliche Kommunikation, starre Regeln, Kritik an Eigenheiten und Bestrafung vor. Das hat Einfluß darauf, ob Erwachsene dereinst fördernde oder belastende Familien bilden, weil jeder sein Verhalten für richtig hält. Wer selbst verprügelt worden ist, wird auch prügeln. Statt Kritik ist jedoch die Hebung des Selbstwertgefühls erfolgreicher. Wer ein Kind für befähigt hält, behandelt es auch so; dieses wird sich besser entwickeln als ein negativ beurteiltes Kind.

2. Kommunikation

Um meinen Eindrücken von Anderen eine Bedeutung zuzumessen, ziehe ich mein Wissen und meine Erfahrung zu Rate. Daher entsteht die Bedeutung von Kommunikation beim jeweiligen Empfänger und zwar innerhalb von Sekunden.
<u>Übung:</u> Setzen Sie sich einem Partner gegenüber und beobachten Sie ihn in allen Einzelheiten 1 Minute lang. Schließen Sie die Augen und vergegenwärtigen sich das Gesehene. Öffnen Sie dann die Augen. Sagen Sie ihrem Partner, was Sie empfunden haben. An wen erinnerte Sie das gesehene Bild? Es könnte sein, dass Sie Ihren Partner mit dieser Erinnerungsperson verwechseln, so dass die Kommunikation mit Schatten aus Ihrer Vergangenheit, und nicht mit einer realen Person stattfindet. Danach sollte Ihr Partner dieselbe Übung machen. Der laut Virginia Satir in fördernden Familien herrschende freundliche Umgangston übertrifft noch den von Jürgen Habermas für eine offene Gesellschaft postulierten herrschaftsfreien

(partnerschaftlichen) Dialog „auf gleicher Augenhöhe", den man in gestörten Familien oft vermißt.

Neben dem Ansatz Virginia Satirs behandle ich auch andere Ideen und Konzepte. Theoretisch wurde über Kommunikation grundlegend festgestellt: eine unvollständige oder unterlassene Kommunikation führt zu Frust und Problemen. Diese Erkenntnis fand sogar in der Sagenwelt Eingang: hätte Parzival den Burgherrn Amfortas in einem Anflug menschlichen Mitleids nach seinem Leiden gefragt, statt wie erlernt, Fragen zu vermeiden, hätte er ihn und die Burggesellschaft erlöst. Bei der TV-Serie „Traumschiff" fiel mir auf, dass die Passagiere ihre Probleme in der Regel ziemlich schnell mit einer einfachen Kommunikation hätten lösen können, diese aber erst spät erfolgte. Einen Fall erlebte ich hautnah bei der Partnerschaft eines Freundes. Seine Partnerin wollte eines Tages „mit ihm reden". Auf seine Frage, worüber, sagte sie : „Über uns." Er dagegen meinte, es gebe nichts zu reden mit dem Erfolg, dass die Verbindung nach 9 Jahren zerbrach. Männer erkennen den Ernst der Lage anscheinend erst, wenn eine Frau endgültig den Schlußstrich zieht. Die Deutung nonverbaler Signale wie Körperhaltung sowie Gesten ist für Unkundige ohnehin eine Wissenschaft für sich.

Ein heikles Kapitel der Kommunikation bildet die Kritik, wobei man viel verkehrt machen kann. Gewöhnlich findet sie in der Form „DU BIST...!" statt; ihr Kennzeichen bilden Vorwürfe und Emotionen. Wer jedoch so verfährt, verbaut sich jede Chance auf einen Erfolg, weil dann der andere sofort eine Verteidigungsstellung bezieht. Der Vorwerfende legt nach, worauf der Konflikt eskaliert. Dagegen empfiehlt die Kommunikationspsychologie folgendes:

a) Kritik sollte immer in der Form von ICH-BOTSCHAFTEN erfolgen: „Ich empfinde dieses und jenes als........." Gegen eine solche Feststellung kann vernünftigerweise niemand etwas einwenden, weil darin kein Vorwurf enthalten ist.

b) Auch wenn das Temperament überkocht, sollte man ein paarmal tief durchatmen, und erst dann antworten. Eine Erwiderung darf nicht persönlich sein, indem sie Spitzen gegen den anderen enthält. Oft will einer den anderen sogar verletzen, weil Aversion Liebe mit negativem Vorzeichen ist. Derartige Stacheln sitzen mitunter tief, und werden dem anderen noch nach Jahren vorgehalten. Kritik ist dann sachlich, wenn sie <u>Sachverhalte</u> anführt, statt den anderen, meist negativ, zu <u>bewerten</u>.

Auch wenn es noch so schwer fällt: ein sachliches Gespräch kann frei und offen sein, ohne das Selbstwertgefühl des anderen anzukratzen oder gar zu verletzen. Mit sog. „Wahrheiten" handelt man sich leicht einen Feind ein. Es gilt nicht Schuldige zu suchen, sondern Ursachen, und dafür Lösungen zu finden.

c) Am Schluß des Kritikgespräches muß immer ein versöhnlicher Ausklang stehen wie „ich liebe Dich doch, und Störungen sind nur wie ein Gewitter, das die Atmosphäre reinigt." Wenn die Kommunikation in diesem Fall unterbleibt, frißt man das „Unrecht" in sich hinein, und dieses Versäumnis wirkt wie unter den Teppich gekehrter Schmutz, der irgendwann wieder auftaucht. Einer meiner Lehrer der Psychologie nannte ein solches Verhalten „Rabattmarken kleben"; die Einlösung erfolgt oft am falschen Ort, z. B. bei seinen Angehörigen, wenn man am Arbeitsplatz Zoff hatte. Ich erlebte einmal folgendes: gegen 17 Uhr standen Kunden, die nach Büroschluß benachrichtigte Postsendungen abholen wollten, beim Ausgabeschalter in einer Schlange an. Ein Kunde flippte wegen der Warterei aus, der gestreßte Beamte vergaß, was er über das Verhalten zu Kunden gelernt hatte, und bellte zurück. Überrascht stieß der Kunde hervor: „Wo soll man schimpfen, wenn nicht bei der Post!" Er hatte gerade explosionsartig eine volle Rabattkarte eingelöst.

d) In ‚Kampfsituationen' überschwemmen Streßhormone das Blut. Zu der Zeit, als noch eine Horde die andere mit Keulen bedrohte, sollten sie den Organismus schnell zum Widerstand oder zur Flucht fit machen. Heute dagegen gibt es regulär dazu keinen Anlaß mehr, die Hormone bleiben aber im Blut und werden nicht „abgearbeitet". Daher wird empfohlen, in solchen Situationen im stillen Kämmerlein eine dicke Zeitung zu packen, und sie mit starken Worten auf den Tisch zu dreschen, bis einem wohler wird. So befreit man sich zumindest teilweise von diesen Hormonen. Die Physis der Menschen ist 10.000 Jahre gleich geblieben, doch die Verhältnisse im Zusammenleben haben sich verändert.

e) Eine story aus dem Berufsalltag: einige Mitarbeiterinnen klagten über eine Kollegin, weil sie immer schweißelte. Sie wollten es ihr nicht sagen, „um Mißhelligkeiten zu vermeiden, ich aber sei der Boss ...“ (wofür Männer nicht alles gut sind!). Bei einer passenden Gelegenheit meinte ich zu ihr: wenn sie frisch duftende Kleidung, einen Hauch Parfum und etwas Lippenstift verwendete, wäre sie noch attraktiver. Sie zerdrückte zwar ein paar Tränen, weil sie verstand – 1/2 Jahr später war sie verheiratet. Ihr Selbstwertgefühl als Frau hatte durch das Gespräch nicht gelitten.

3. Kommunikationsmuster („Spiele der Erwachsenen")

Virginia Satir unterscheidet 5 Muster, 4 ungute und 1 kongruentes. Das Schicksal jeder Planung oder Konfliktlösung hängt von der angewandten Kommunikationsform ab. Angenommen, im Zimmer von Hans herrscht Chaos, und der Vater will ihn zur Änderung dieses Zustandes motivieren:

a) Beschwichtigend: „Ich – hm – je – Gott, es tut mir leid. Sei mir nicht böse, es ist schon O. K., aber könntest Du nicht vielleicht dein Zimmer nur ein wenig aufräumen, ja? Hm?" (Entschuldige bitte, dass ich atme.)

b) Anklagend: „Verdammt, kannst Du nicht endlich Ordnung halten? Wie oft habe ich Dir das schon gesagt. Bist Du zu blöd, das zu kapieren? Ab ins Zimmer! (Hier bin ich der Boß, solange du Deine Füße unter meinen Tisch stellst.)

c) Rationalisierend: „Wir machen mal eine Bestandsaufnahme der Leistungen in unserer Familie und meinen, dass die Leistungen in Deinem Bereich sinken. Hast Du dazu etwas zu bemerken?" (Wie ein Computer ohne Gefühle.)

d) Ablenkend: (der Vater spricht zum zweiten danebenstehenden Sohn): „Sepp sieht es in Deinem Zimmer auch so aus wie bei Hans? Nein, es ist nichts los. Ich glaube nur, dass Mutter mit ihm darüber reden will." (Warum nicht er?)

e) Kongruent: „Hans, in Deinem Zimmer sieht es wüst aus; Du hast Dein Bett nicht gemacht, überall liegen Klamotten und andere Sachen herum. Ich meine, wir sollten uns mal darüber unterhalten."

Nur die letzte Kommunikationsform ist frei und offen, und benennt sachlich, aber nicht unfreundlich, das Problem, ohne den anderen zu verhätscheln, anzuklagen, abstraktes Zeug zu quatschen, oder um die Ecke zu reden.

An sich sollte die kongruente Kommunikation selbstverständlich sein und wird in vielen Familien auch praktiziert. Wenn nicht, liegt es gewöhnlich daran, daß die Selbstachtung beschädigt ist und der Betroffene versucht, Teile des Selbst zu verstecken, zu vertuschen. Er gebraucht die 4 Arten von Schilden, damit seine Gefühle nicht verletzt werden. Es ist aber seelisch viel gesünder, Gefühle auszudrücken. Wer sich dieser „Gefahr" aussetzt, wird merken, dass die kongruente Kommunikation auch erfolgreicher ist.

„Glaubenssätze"

Sie sind in unserem Unterbewußtsein wirkende Urteile über uns selbst und unsere Umwelt; sie ordnen die Ereignisse unseres Lebens in unser Bewertungsraster ein und beeinflussen unser Verhalten maßgeblich – positiv wie negativ. Beispiele: „Du kannst das nicht." „Ich bin nicht O. K." „Ich muß perfekt sein." „Konflikte sind schlecht." Das Leben ist gar nicht ohne solche Sätze möglich, weil sie eine konstante Verallgemeinerung über uns und unsere Welt darstellen, einen Wahrnehmungsfilter, eine Interpretation des Geschehens.

Sie haben ihren Ursprung meist in der frühen Kindheit, aber auch in sonstigen einmaligen (eindrucksvollen) Erlebnissen. Als Kind bellte mich einmal eine Hundemeute an, und von Stund an hatte ich Angst vor Hunden. Erst nach Jahrzehnten befreite mich mein lieber Harro von dieser Angst. Ein Kind, dem man sagte „Du kannst das nicht", wird später als Erwachsener in einer „führerlosen Situation" keine Initiative entwickeln können, weil ihn etwas im Unbewußten bremsen wird. Ich weiß, dass ich immer

einen Parkplatz finde, auch wenn es ¼ Stunde dauert. Dieser festveran-
kerte Glaubenssatz wird zu einer sog. sich selbst erfüllenden Prophezeihung, weil man sich unbewußt entsprechend verhält. Ich weiß auch, daß
ich im Pech einfach Glück habe; dies hat sich in diversen Situationen er-
wiesen, auch als ich mit Kameraden auf einem Gletscher in den Westal-
pen abstürzte. Hätte ich mir nicht das Bein gebrochen, wäre es als Jüng-
ster meine Aufgabe gewesen, Hilfe zu holen - aber dann wäre ich nach 5
m in eine überschneite Gletscherspalte gefallen und zu Tode gekommen.
So erlitt leider ein unverletzt gebliebener Bergkamerad dieses Geschick.
R.I.P.

Wie wird man nun z. B. den Glaubenssatz los „Ich kann mir die Liebe meiner Eltern / meiner Frau nur durch LEISTUNG verdienen"? Er führt zu einem Leben wie im Hamsterrad, möglicherweise bis zum Burnout.

* Der 1. Schritt ist, ihn als einschränkenden Glaubenssatz zu erkennen,
* der 2. Schritt die Erkenntnis, dass er in einer bestimmten Situation kon-
  struiert, verallgemeinert wurde, und nicht allgemein gültig ist. Eltern lieben Kinder auch, wenn sie einmal schlechte Noten heimbringen. Das
  hat jeder von uns erlebt. Auch läuft eine Frau ihrem Mann nicht davon,
  bloß weil er seinen Job verloren hat.
* Ein neuer Glaubenssatz muß positiv formuliert werden, weil das Unterbewußtsein mit Negativem Schwierigkeiten hat, positiv jedoch eine neue
  Sichtweise für di e Zukunft bietet: „Meine Eltern lieben mich für mein
  S E I N, weil ich ihr Kind bin". „Meine Frau liebt mich, weil ich ihr Mann
  bin, und auch ich sie liebe."

Ebenso wirkt ein „Skript", ein unbewußter Lebensplan, der durch offene
oder subtile Indoktrination der Eltern, ihre Reaktionen oder Lebensregeln
entsteht: „Aus dir wird nichts". Die Skriptanalyse deckt ein Skript auf und
verändert es.

Familienregeln

Jede Familie hat Lebensregeln, derer sie sich zumeist gar nicht bewußt ist.

<u>1. Übung:</u> Die Familie setzt sich 2 Stunden zusammen und listet alle Regeln auf, ohne sie zu bewerten. Im 2. Schritt versucht sie herauszufinden, ob sie noch zweckmäßig oder überholt sind, und ob sie helfen oder behindern.

<u>2. Übung</u>: Jetzt geht es darum, die noch mächtigeren, weil „ungeschriebenen Regeln" zu finden, die die Freiheit der Kommunikation betreffen:

* WER stellt die Regeln in einer Familie auf, verändert oder schafft sie ab?

* WAS darf ausgedrückt werden: Furcht, Hilflosigkeit, Einsamkeit, Aggression, Ärger, Bedürfnisse nach Trost und Beistand, sowie Wünsche?

* ZU WEM darf gesagt werden, wenn einer mit einer Sache oder Person nicht einig ist oder sie gar ablehnt: z. B. dass ein Angehöriger ständig die Bude verraucht?

* WIE fragt jemand, wenn er was nicht versteht; wird überhaupt gefragt?

* Oder darf über bestimmte Dinge nicht geredet werden: über die Freundin des Vaters, den Alkoholkonsum der Mutter, die häufigen Ehestreitigkeiten der Eltern, die Gefängnisstrafe oder psychiatrische Behandlung eines Verwandten?

Es sollte die Regel gelten: alle <u>Gefühle</u> sind legitim, aber nicht alle <u>Handlungen</u> akzeptabel. Zulassen von Gefühlen bietet eine Chance zu anderem Verhalten. So ist nicht die Wut selbst destruktiv, sondern die Folgen ihrer Unterdrückung: eine Abwanderung ins Unbewußte, innere Verspannung, destruktive Reaktionen wie die bereits erwähnte „Einlösung" einer vollen Rabattkarte am unpassenden Ort. Die positive Familienregel, Ärger zu äußern, führt zu dem Gefühl, sich selbst in der Hand zu haben; das Ergebnis ist ein Gefühl des Selbstwertes.

Besonders deutlich zeigt sich dieser Zusammenhang in Bezug auf sexuelle Tabus. Viele Menschen können nicht zwischen der Bekundung von Zuneigung (Gefühl) und Sex (Handlung) unterscheiden, und unterdrücken das Gefühl. Virginia Satir sagt aus ihrer Erfahrung: alle Menschen, die Schwierigkeiten mit sexueller Befriedigung in der Ehe, homosexuelle Tendenzen hatten, auf den Strich gingen oder wegen sexueller Verbrechen inhaftiert wurden, <u>waren ausnahmslos mit solchen Tabus aufgewachsen.</u> Eltern, die nicht über Sexualität reden, überlassen die evtl. schmutzige Aufklärung ihrer Kinder der Straße. Wollen Sie das wirklich?

<u>Sobald die Regeln geändert werden, ändern sich auch alle Abläufe in der Familie.</u>

Familiäre Netzwerke

Angenommen eine Familie bestünde aus Vater, Mutter und 3 Kindern. Zwischen diesen 5 Mitgliedern bestehen 10 Zweierbeziehungen. Davon sind einige enger als andere, sodass sich andere Familienmitglieder leicht davon ausgeschlossen fühlen können. Ich habe Ähnliches in unserer Großfamilie beobachtet. Wenn wir uns vorstellen, alle Familienmitglieder seien miteinander durch Seile verbunden und eines „zieht" in eine Richtung, z. B. er/sie zieht aus, heiratet, stirbt oder die Eltern lassen sich scheiden, so verändert das die Position aller anderen.

So entstehen unvollständige Familien. Mütter sind zuweilen versucht, den/ einen Sohn als Ersatz für den verstorbenen oder geschiedenen Ehemann zu betrachten. Wenn es um Mithilfe bei der Versorgung und Beaufsichtigung anderer Kinder geht, ist es O. K., doch den Ehemann kann ein Sohn nicht ersetzen. Mit dieser Rolle wäre er nicht nur überfordert, sondern sogar in einer künftigen Partnerbeziehung gehandicapt, weil ihn seine Mutter nicht „freiließ". Ebenso ergeht es einer Tochter, die von ihren Eltern oder einem Elternteil als Pflegekraft absorbiert wird. Meist kommt sie nicht zum Heiraten, und verkrüppelt seelisch. Ich hatte eine solche Mitarbeiterin; sie benötigte ständig psychotherapeutische Hilfe. Ebenso falsch ist es, ein Kind zu etwas zu drängen, was man selbst wollte, aber nicht erreichte. Jedes Kind hat seine Fähigkeiten; sie gilt es zu fördern. Eltern sollen Vorbild sein, doch ehrlicherweise ohne das falsche Bild zu vermitteln, perfekt zu sein.

„Patchwork"- Familien bestehen aus Teilen zweier früherer Familien, nachdem ein Teil verstarb oder sich scheiden ließ, jeweils ein Partner eventuell

mit Kindern zurückblieb und eine neue Verbindung einging. Oft heißt es so-
dann „meine" Kinder, „deine" Kinder, zu denen noch „unsere" Kinder kommen können. „Fremde" Kinder zu gewinnen, die Beziehungen zu außen vor
bleibenden Elternteilen sowie das Konfliktmanagement sind ein harter Job,
der die neue Ehe beeinträchtigen kann.

Erwartungen und Kommunikation von Paaren

Paare leben zusammen oder heiraten, weil sie sich lieben, körperlich ange-
zogen fühlen, und hoffen, daß sich ihr Leben dadurch verbessert. Die Liebe
zwischen Mann und Frau ist das befriedigendste Gefühl, das Menschen er-
fahren und das mächtige Potentiale freisetzen kann. Aber die meisten Menschen kennen einander nicht wirklich, wenn sie zusammenbleiben / heiraten. Die Nähe bringt zudem andere Seiten eines Partners ans Licht als das
Leben zuvor, auch weniger attraktive. Um ein Leben miteinander zu verbringen, bedarf es gemeinsamer Grundüberzeugungen, Teilhabe an Ideen
und Gefühlen des anderen, gemeinsamer Interessen und einer guten ge-
genseitigen Bedürfnisbefriedigung. So wichtig guter Sex ist, allein darauf
läßt sich eine Ehe oder Partnerschaft nicht gründen: beide verbringen relativ wenig der gemeinsamen Zeit im Bett. Nötig ist ein verträglicher Charakter, etwas Humor, und vor allem Kompromißbereitschaft, denn die Art der
Entscheidungsfindung gehört zum wichtigsten in einer Paarbeziehung. Im
übrigen können, ja sollen die Partner verschieden sein, und sich gegensei-
tig Freiraum lassen; beides erhält die gegenseitige Anziehung; zu viel span-
nungslose Gleichheit und ständig nur zusammen zu sein, kann langweilig
werden.

Liebe ist das Gefühl, das den Beginn einer Paarbeziehung setzt, wie ein
Keim, der den Boden durchstößt, aber es ist der Prozeß, der sie wie Licht,
Luft, Feuchtigkeit und Nahrung bestehen läßt . Oft entwickeln Paare ein
gemeinschaftliches Leben, das dem ihrer Eltern ähnelt, nicht aufgrund
von Vererbung, vielmehr folgen sie vertrauten Familienmustern. Manche
Leute fragen sich: wie konnte Sabine nur einen solchen Macho heiraten?
Der Vater war schon autoritär. Hans nimmt die Verwaltung der gemeinsa-
men Kasse wie selbstverständlich an sich, Marlena fragt ihn pikiert, ob er

ihr das nicht zutraue; bei ihr daheim erledigte das die Mutter. Aber Finanz-verwaltung hat nichts mit Selbstwert zu tun. Schon daran sieht man, wie wichtig einerseits Kommunikation, zum anderen die Bereitschaft ist, Kom-petenzen abzugeben und Kompromisse zu schließen. Beim Geld hört, dem Sprichwort zufolge, die Freundschaft auf, aber in einer Paarbeziehung muß auch das funktioniert, sonst ist Streit vorprogrammiert. Viele Leute hal-ten die Diskussion unterschiedlicher Meinungen für Streit, aber sie ist zum Austausch der Argumente nötig, und eine sachliche Form dafür unabding-bar. Ob Zusammenleben gedeiht, entscheidet das WIE im Prozeß des Um-gangs miteinander.

Frauen erwarten oft, dass ihre Männer von ihren Augen ablesen, was sie wünschen. Aber Männer sind weder Hellseher, noch haben sie eine Kristall-kugel. Die Damen müßten ihnen schon sagen, was sie wollen oder auch nicht. Manche Frauen wollen laufend hören, dass sie ihr Mann liebt. Kleine Berührungen, ein Kuß oder die Bemerkung „ich mag dich sehr" hat später genauso seine Berechtigung und Wichtigkeit, doch kann die ständige Nach-frage nervtötend wirken. Über je mehr Selbstwertgefühl eine Frau verfügt, desto weniger ist sie emotional auf ständige Liebesbeteuerungen angewie-sen, und desto weniger mißdeutet sie eine sparsamere Dosierung als ange-blichen Mangel von Liebe.

Das Problem der Untreue

Untreue in der Ehe gab es schon immer. Gemäß der untenstehenden Grafik liegt derzeit der Untreuegipfel von Frauen der Altersgruppe 30 – 39 Jahre bei 39 % und von Männern in der Gruppe 60 – 69 Jahre (!) bei 33 %. Frauen betrügen gewöhnlich aus emotionalen Gründen (Vernachlässigung, Sehnsucht nach Liebe und Bestätigung), während Männer - oft sehr kurzfristig - körperlichen Impulsen nachgeben. Beide wollen es wohl nochmal wissen, „ob das alles war", bzw., was für tolle Hechte sie noch sind.

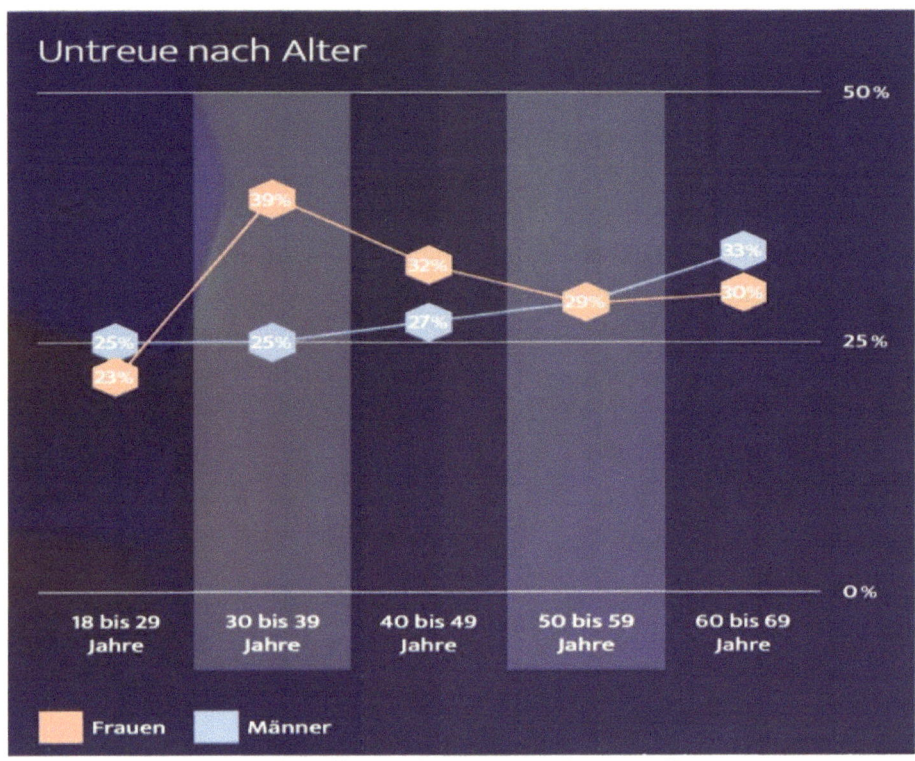

(Grafik aus „businessinsider 2020")

Wie viele Prozent der untreuen Partner danach den/die Seitensprungpartner/in heiraten, und wie viele Ehepartner danach trotzdem zusammenbleiben, konnte ich statistisch nicht ermitteln. Vor Jahren schätzte man Pi mal Daumen Trennung im Vergleich zum Zusammenbleiben mit 40 zu 60, mehrheitlich also zugunsten des „Bewährten".

Man sieht: der /die Betrogene kann die Konsequenz ziehen, oder um den Erhalt der Beziehung kämpfen, und evtl. verzeihen – die Beziehung ist aber angekratzt. Über die Zukunft derart gekitteter Beziehungen gibt es keine belastbaren Zahlen.

In diesem Zusammenhang ein paar Worte zur Prostitution, die einen erheblichen Teil des Fremdgehens ausmachen dürfte. In der Bundesrepublik waren bis zu Corona offiziell 40.400 Prostituierte registriert, die Dunkelziffer vor allem der osteuropäischen Zwangs-und Notprostituierten wird viel höher geschätzt.

Der Umsatz der Gunstgewerblerinnen in der BRD wird auf 14,5 Milliarden € im Jahr taxiert. In einigen Staaten ist die Prostitution bei Strafe verboten, findet jedoch im Untergrund statt. Die Bundesrepublik liberalisierte die betreffende Gesetzgebung, ohne dass damit etwas über die moralische Bewertung ausgesagt wäre. Wenn man die Gesetzesmaterialien liest, leuchtet der Sinn der Regelung ein: die Prostitution unterliegt wenigstens teilweise einer Kontrolle durch Sittenpolizei, Gesundheitsamt (Gesundheitsschutz gegen ansteckende G-Krankheiten wie HIV, Lues, Gonorrhoe und Granuloma inguinale) sowie das Finanzamt (das sie gerechterweise zur Steuer veranlagt); im Gegenzug ermöglichte man ihnen den Abschluß einer Krankenversicherung und einen gewissen Rechtsschutz. Bei „legaler" Arbeit sinkt die Gefahr von Erkrankung, Ausbeutung und Menschenhandel, und man kann die Luden, die bei der betrügerischen oder gar zwangsweisen Rekrutierung im In-und Ausland tätig waren, in Deutschland durch Zeugen überführen.

Eine Art des Arrangements von Paaren, die einander „nicht betrügen wollen", ist der einvernehmliche Partnertausch. Er mag durchaus prickelnd sein aber jeder Beteiligte riskiert eine Gefahr, der sich wohl die wenigsten bewußt sind: einer oder zwei der Beteiligten können sich verlieben. Zu Beginn halten sie es meistens geheim, „um die anderen nicht zu verletzen", aber die Gefühle sind auf Dauer nicht zu verheimlichen, und dann beginnen die Probleme. Psychologisch ist der sog. doppelte Appetenzkonflikt, man will einen haben und den anderen nicht verlieren, der am schwierigsten zu lösende menschliche Konflikt; er hinterläßt zwei düpierte Partner. Ich möchte nicht in so etwas stecken, und wer weise ist, begibt sich nicht in diese Gefahr; das erste Nein ist noch das leichteste. Ähnlich sieht die Lage des betrogenen Partners bei einer Liebschaft des anderen aus: die neue drängt ihn, wann er es der Frau endlich sagt, und er schiebt es hinaus, bis es kracht. Kluge Frauen merken ohnehin, was los ist, meistens viel eher, als „er" es ahnt. Frauen dagegen können eine Affäre viel besser verbergen – bis ihnen das Gefühl durchgeht. Auch hier gilt das anfangs über Untreue Gesagte.

Warum machen düpierte Partner „Theater"? Dem Betrogenen wird etwas entzogen, was ihm in gewisser Weise moralisch und rechtlich zustand. Eifersucht gründet in Verlustangst. Im westlichen Kulturkreis setzte sich die Monogamie durch, und Paare sollten daran arbeiten, Monotonie zu vermeiden.

Bisher haben wir Bedingungen für die Schaffung eines starken Selbstwertgefühls durch die Art der Kommunikation in Familien untersucht, und gesehen, dass das, was wir für richtig halten, zunächst vom Lernen in der eigenen Familie abhängt. Goethe meinte dazu: „Man könnt' erzogene Kinder gebären, wenn erst die Eltern erzogen wären." Aber Erwachsene können sich nicht auf ihr Elternhaus ausreden, weil Selbsterziehung / Charakterbildung Aufgabe jedes Einzelnen ist. Wie sollte jemand zu Selbstvertrauen erziehen können, der nicht ohne Grund ein negatives Selbstbild besitzt, oder dessen Kommunikationsverhalten durch Charakterdefizite gestört ist? Würden von ihm aufgestellte Familienregeln, ohne Unterwürfigkeit zu erzeugen, befolgt oder führen sie gar zur Rebellion dagegen? Erst müssen persönliche Konflikte und emotionale Abhängigkeiten bereinigt werden, um damit nicht eine neue Ehe / Partnerschaft und Familie zu belasten. Darum sollen Scheidungen auch aus diesem anderen Blickwinkel betrachtet werden.

Der Schatten

Menschen zeigen in der Öffentlichkeit ihre Persona (von lat. Schauspielermaske im alten Rom), ihre Schauseite, und verdrängen alles Andere, vor allem ihre weniger vorteilhaften Seiten, ins Unbewußte. Diese bilden dort die Schattenseite. Sie macht sich mitunter unangenehm bemerkbar, z. B. durch Fehlleistungen. So sind Menschen aber nicht kongruent, nicht authentisch. Sie werden es nur, wenn sie ihren Schatten ins Oberbewußtsein holen, ihn bearbeiten und in ihre Persona integrieren; ein solcher Mensch ist auch „integer". Mit dem WIE, nämlich der Charakterbildung, befaßt sich dieses Buch im Folgenden. Nur wer seine Schattenseite wirklich kennt, der kann sie verändern. Daher gilt die zeitlose Forderung „Erkenne Dich selbst" (ΓΝΩΘΙ ΣΑΥΤΟΝ), die über dem Tempeleingang von Delphi stand.

1. Feedback erbitten

Weil wir uns gewöhnlich für O. K. halten (‚blinder Fleck'), sollten wir eine Person, die uns gut kennt, um Feedback bitten. Es gilt als die effektivste Methode. Je besser und genauer das Feedback ist, desto heftiger werden die meisten von uns jedoch reagieren, weil unser Selbstbild wankt, der Widerstand dagegen ist aber ein wichtiger Hinweis darauf, dass wir einer echten Schatteneigenschaft begegnet sein könnten. Sicherheitshalber sollten wir, um evtl. Fehlwahrnehmungen auszuschließen, noch eine 2. gut bekannte Person fragen, ob wir (wie uns z. B. gesagt wurde), überheblich wirken. Sollte es bestätigt werden, dann trifft es wohl zu. Der Widerstandsmechanismus ist ganz normal, weil er im Regelfall unser seelisches Gleichgewicht zu bewahren hilft, hier wollen wir aber bewußt den Schatten kennenlernen.

2. Unsere Projektionen erforschen

Wenn wir eine Eigenschaft eines anderen Menschen mit Emotionen über Gebühr oder Überreaktionen verdammen, liegt wohl die Projektion einer eigenen Eigenschaft auf den anderen vor, die uns zwar unbewußt ist, die wir aber an uns selbst nicht mögen. Sachlich angemessene Kritik an anderen ist damit nicht gemeint. Ebenso kann ein Verliebter sehnsuchtsvoll unbewußt positive Eigenschaften auf die geliebte Person projizieren. Sie müssen wie negative Eigenschaften in gewissem Ausmaß vorhanden sein, sonst würde die Projektion nicht haftenbleiben, sie liegt jedoch in der empirisch nicht gerechtfertigten Übersteigerung. Mitunter werden noch andere positive Eigenschaften mitprojiziert; dieser sog. ‚Haloeffekt' ist nach einem Lichtkreis um die Sonne herum benannt.

3. Versprecher und Fehlleistungen

Dr. Sigmund Freud, der „Vater der Psychoanalyse", berichtet in seinem Buch „Zur Psychopathologie des Alltagslebens" eine Menge von entsprechenden Beispielen, bei denen der Schatten unversehens durchbrach.

* Ein Herr bemerkte zu einer Dame: „Haben Sie heute die Auslage bei Wertheim gesehen? Sie ist neu dekolletiert" (dekoriert - ihr Dekolleté hatte ihn heiß gemacht.)

* Eine Dame berichtete ihrer Freundin von ihrem netten jungen Sprachlehrer: „Er gab mir durch die Bluse – pardon Blume – zu verstehen, dass er mir lieber Einzelunterricht erteilen würde."

* Ein Redner sagte auf einer Geburtstagsfeier: „Ich bitte Sie, die Gläser zu erheben und auf das Wohl unseres Chefs <u>auf</u>zustoßen"; (er neidete ihm seine Position).

* Eine Dame mußte wegen eines Magenleidens strenge Diät halten. Als ihr Mann zum Braten am Mittagstisch Senf erbat, griff sie in den Schrank, und stellte ihm versehentlich ihre Magentropfen hin. (Dass nur er den Braten genoß, paßte ihr nicht).

4. Träume

In ihnen manifestiert sich gern unsere Schattenseite als Figur des eigenen Geschlechts. Wir reagieren auf sie mit Angst, Abneigung oder wie auf jemanden, den wir als weniger wert ansehen. Ich träumte einmal von einem geschwätzigen Youngster und erinnerte mich an meinen Turnlehrer, der sagte: „K., halten Sie keine Vorträge, sondern ziehen Sie sich um." Häufig haben wir das Gefühl, dass uns die Figur verfolgt, während wir wie angewurzelt festsitzen. Einmal verfolgte mich ein Löwe im Traum, aber ich wachte auf. Ein wildes Tier verwandelt sich in ein freundliches Wesen, wenn wir ihm Futter anbieten. Wir müssen uns der Figur stellen, ihr Verhalten, ihre Handlungen und Worte beobachten, sowie nachdenken, <u>was sie für uns bedeutet</u>. Ich bat an 2 Abenden vor dem Einschlafen mein Unterbewußtes um Antwort auf eine konkrete Ja/ Nein-Frage, und erhielt 2 bildhafte Träume mit 2 Mal derselben Aussage. Ich ließ das Vorhaben fallen, was sich als richtig erwies.

Wenn uns der Traum unerwünschte Dimensionen zeigt, sollten wir uns damit keineswegs identifizieren, indem wir sie (destruktiv) ausagieren. Wir dürfen sie aber nicht einfach ablehnen, sondern müssen sie zulassen, und gelassen betrachten. Ein Neidobjekt bedeutet in unserem Charakter etwas, was wir vernachlässigt haben, aber erreichen sollten. Unsere Aufgabe ist es, Persona und Schatten auszusöhnen, und zu einer neuen Einheit zu verschmelzen, um GANZ zu werden

5. Perversion von Werten

In der Gangstersubkultur wie auch in Diktaturen gehören brutale Gewalt, ja sogar Morden ‚für die gute Sache' zur offiziellen Persona, während die humanen Werte als angeblich schwach in den Schatten verbannt werden. Bezeichnend dafür ist ein Ausspruch des SS-Führers Heinrich Himmler: „Wir haben das alles gesehen (KZs und Holocaust, Anm. d. Verf.), sind aber trotzdem anständig geblieben."

Ein aktuelles Thema sind Cyber-Mobbing und Paparazzi. Beide haben unter dem Mantel der Meinungs- und Pressefreiheit, in Wirklichkeit jedoch, um ihre Bosheit auszuleben, oder des schnöden Gewinns wegen, das Leben von Kasia Lenhardt (Ex von Jerome Boateng), Britney Spears (Ex von Justin Timberlake), und fast auch das von Monika Lewinsky (Geliebte von J. F. Kennedy) zerstört.

6. Die Entdeckung unserer Möglichkeiten

Wenn sich in unserer Persona negative Züge zeigen, haben wir die entgegengesetzten guten in den Schatten verdrängt, weil wir so erzogen wurden, positive Begabungen nicht entwickelten oder Beruf und Umwelt uns verformten. Einer meiner Lehrer sprach von uns „Durchschnittsneurotikern", womit er ausdrücken wollte, dass jeder in einem oder mehreren Winkeln unseres Seins unentwickelt steckenblieb. In einer ruhigen Stunde gilt es, die Bereiche zu untersuchen, in denen wir im Konflikt leben.

Wenn wir entdecken, dass alte Wertvorstellungen nicht mehr zeitgemäß und förderlich sind, sollten wir im Schatten nach dem Gegenteil suchen, unsere unterentwickelten Seiten und unerfüllten Tätigkeitswünsche aufspüren, und uns ganz bildhaft den Erfolg in Situationen vorstellen, in denen wir sie konkret in die Tat umsetzen. So hatte ich im Ruhestand endlich Gelegenheit, das studieren und recherchieren zu können, was mich immer schon interessierte. Daraus entstanden bisher 3 Bücher. Aber ich nahm mir noch Weiteres vor (siehe nächstes Kapitel).

Der Beginn der Transformation

1. Gedanken, Gefühle und Verhalten

Nehmen wir an: Hans weiß, dass ihn sein Chef für eine Pfeife hält, und ist deswegen deprimiert. Wenn er es nicht wüßte, wäre er es nicht, also haben Gefühle ihren Ursprung in Gedanken. Aber nur ich allein entscheide darüber, was ich denke und was mich nicht heiß macht. Ich weiß, was ich kann und was ich nicht kann. Läßt sich nun Hans davon beeinflussen, entwickelt sich daraus eine sich selbst erfüllende Prophezeihung, womit der Chef Recht hätte. Ich konnte am Lieblingssohn von Bekannten feststellen, dass gerade er mehr fertigbrachte als seine Geschwister, weil er Mutters Liebling war und ein starkes Selbstwertgefühl entwickelte.

2. „Es gibt nichts Gutes, außer man tut es" (Erich Kästner)

Viele Leute lamentieren, dass sie keine Gelegenheit, Pech oder sonst was hatten, und daher zu nichts bzw. in die Bredouille kamen. Statt etwas zu ändern, verharren sie doch lieber in der Komfortzone und machen andere verantwortlich. Aber - jeder trägt allein die Verantwortung für sein Leben. Ausreden gilt nicht! Daher:
* Am Anfang steht die Analyse, WAS verändert werden muß.
* Es folgt der feste ENTSCHLUSS, es in einem bestimmten Zeitrahmen in die Tat umzusetzen.
* Dazu alle nötigen Informationen einholen, WIE es erledigt werden kann.
* Und zuletzt – auf die Plätze, fertig, LOS!

Verba docent, exempla trahunt (Worte belehren, Beispiele ziehen). Daher ein Beispiel aus meinem Leben. Nach dem Tod meiner 1. Frau fraß ich mir

15 kg Kummerspeck an und erreichte 120 kg Lebendgewicht. Abends Bier/ Wein, Süßes (eben ein echtes Süßmaul). Ich fühlte mich wie ein Nilpferd an Land, mußte mich hinter das Steuer meines Pkw zwängen und danach wieder herausschälen. Weitere Folgen waren Rücken- und Gelenkprobleme, Kurzatmigkeit, Zunahme von Entzündungen, bedenkliche Nähe zu Diabetes 2, nicht zu reden von anderen gesundheitlichen Gefahren wie Insulinresistenz, Schlaganfallrisiko wegen zu hoher Triglyzeridwerte und zu viel „schlechtem" Cholesterin, Herz-und Kreislaufschäden wie Arterienverkalkung usw. Das wollte ich weder mir noch meiner 2. Frau antun, und machte eine Crashdiät. Innerhalb von 7 Wochen verlor ich dabei 15 kg - und Kreislaufprobleme waren die Folge. Zudem hatte ich bald alles wieder auf den Rippen (Jojo-Effekt), wie früher Bundeskanzler Kohl nach seinen Schlankheitskuren.

So machte ich mich mit Literatur (siehe Leseliste) und im Internet schlau, worauf es ankam. Das war einfach: ich durfte nur weniger Kalorien essen, als ich brauchte. Daran kommt keine Diät vorbei. Und ich durfte nicht in den „Hungermodus" geraten, weil dann der Körper wertvolle Muskelmasse abbaut. Je mehr Muskelmasse vorhanden ist, desto mehr Fett wird verbrannt. Bei Scobel (3Sat) entdeckte ich das „intermittierende Fasten". Es bedeutet: man kann 8 Stunden normal essen, ohne ständig Kalorien zu zählen oder eine Mangelernährung zu befürchten, und fastet 16 Stunden (z. B. von 16 Uhr nachmittags bis 8 Uhr früh), um den Körper zur Fettverbrennung zu veranlassen. Sofern ich mal Hungergefühle spüre, esse ich eine rohe Möhre (Mohrrübe): sie braucht nämlich mehr Energie zur Verdauung, als sie enthält. So nahm ich bequem 10 kg in 3 Monaten ab, aber jetzt brauche ich weniger Kalorien. Ferner stellte ich auf gesunde Mittelmeerkost um und mache mehr Bewegung. Nächstes Jahr stehen wieder 10 kg slimming an.

Die Sucht nach Bestätigung

Solange wir klein sind, denken die Eltern für uns und sagen uns, was wir zu tun haben, um uns vor Gefahren zu bewahren. Die Konditionierung setzt sich in der Schule fort und im Beruf geht es so weiter wie gewohnt.

Die Kirchen oktroyieren Gebote, um in den Himmel zu kommen, und am Kasernhof heißt es: „Sie haben nicht zu denken, sondern zu gehorchen." So lernen die Menschen, dass es von der Bestätigung anderer abhängt, ob man selbst O. K. ist. Prahler wollen anderen etwas beweisen, wieder andere lecken den Schleim von Chefs oder Machthabern, nur um Bestätigung zu eralten. So wird aus natürlicher Anerkennung für Leistung, die in Ordnung ist, ein neurotisches Bedürfnis nach Bestätigung, da es offenbar an Selbstvertrauen fehlt. Was ist der neurotische Gewinn dieses Handelns? Man verschiebt die Verantwortung auf andere, braucht kein Risiko einzugehen, kann Veränderungen vermeiden, und ist „angepaßt". Ein krasses Beispiel bot SS - Obersturmbannführer Eichmann: er verteidigte seine Mitwirkung am Massenmord der Nazis durch Organisation der KZ-Transporte damit, dass er als Soldat seinem Land diente, und Befehlen zu gehorchen hatte. Gewissen und Menschlichkeit ade! Interessanterweise erhalten aber die meiste Bestätigung diejenigen, die nicht darum buhlen, weil andere Menschen spüren, wenn jemand kongruent ist. Wie kann man nun die neurotische Bestätigungssucht abbauen? Einige Beispiele:

* Wenn Sie wirklich einen Fehler gemacht haben, gestehen Sie in ein: „Es wird nicht mehr vorkommen". Eine Ihrer Meinung nach unberechtigte Mißbilligung kennzeichnen Sie mit „Sie sagen…." „Sie meinen….", ohne sich zu verteidigen. Es ist Ihr gutes Recht, festzustellen: „Ich bin da anderer Ansicht…."

* Wenn Sie glauben, dass Sie jemand manipulieren will, genügt die Aussage: „Ich bin davon überzeugt, was ich gesagt habe, und sehe keinen Grund, meine Meinung zu ändern, nur weil Sie es gern hätten."

* Wenn jemand etwas möglicherweise zu Recht sagt, obwohl es Ihnen nicht gefällt, danken Sie ihm dafür, dass er Sie darauf aufmerksam gemacht hat.

* Läßt sich jemand öffentlich in Tiraden über einen Vortrag Ihrerseits aus, reagieren Sie einfach überlegen mit: „Geht es Ihnen jetzt besser?"

Ignorieren Sie die Beschimpfung, und setzen Ihre Ausführungen fort, weil Sie Ihre Selbsteinschätzung nicht von ihm beurteilen lassen.

* Kommen Sie von ständigen Entschuldigungsversuchen weg, wenn jemand anderer Meinung ist als Sie. In der Bitte um „Vergebung" dafür steckt eine Bestätigungssuche. („Erlauben Sie bitte, dass ich atme.")

* Wenn Sie beim Reden ständig unterbrochen werden, nennen Sie es offen ungehörig, und weisen Sie den Unterbrecher darauf hin, dass er danach Gelegenheit erhalten wird, sich zu äußern, ohne unterbrochen zu werden

Gesundes bayerisches Selbstvertrauen sagt: „Mia san mia." Wir sind wir.

Die Vermeidungsstrategien des „Ich bin halt....."

Diese Etiketten wie „So bin ich halt" „Ich war immer schon so" „Ich kann nichts dafür" „Das ist meine Art" hat uns die Umgebung oder wir selbst angeklebt. Ihr Gebrauch dient dazu, uns von Versagen in der Vergangenheit zu exkulpieren oder unsere Veränderungsunwilligkeit zu kaschieren. Wir könne uns vom „neurotischen Gewinn" befreien, indem wir

* so viele Selbstfestlegungen aufgeben, wie nur möglich;

* eine(n) Vertraute(n) um einen Hinweis bitten, falls wir ein Etikett verwenden;

* uns Verhaltensziele setzen, z. B. auf Menschen zuzugehen, wenn wir Schüchternheit ablegen wollen;

* wenn wieder neurotische Sätze der oben angeführten Art auftreten, korrigieren Sie diese, z. B. „So war ich." „Ich kann und will mich ändern." „Das habe ich früher für meine Natur gehalten." „Ich habe beschlossen, ...zu sein."

* Üben Sie einen Tag lang das Gegenteil von dem, was Sie ablegen wollen.

* Tun Sie 1/2 Tag etwas völig Neues, was Sie noch nie getan haben.

Schuldgefühle, Sorgen, Angst vor Neuem uw.

Lernen durch Erfahrung und Schuldgefühle sind zwei Paar Stiefel. Es geht dabei auch nicht um den Ersatz von Schäden, die wir angerichtet haben, oder um vernünftige Zukunftsvorsorge, sondern um Schuldgefühle aus der Vergangenheit sowie Sorgen über die Zukunft, die uns beide lähmen. Vergangenheit ist ein Eimer voller Asche, an dem wir nichts mehr ändern können, und die Zukunft entzieht sich noch unserer Einwirkung, aber die Lähmung hindert uns daran, vollbewußt in der Gegenwart zu handeln. Sie ist die einzige Zeit, die wir gestalten können. Wenn wir es nicht tun, ist sie verpaßt und auf ewig vergangen.

1. Wie Schuldgefühle, Sorgen, Ängste loswerden und ihr Entstehen verhindern?

* Egon hat eine Geliebte, ihn plagen Schuldgefühle seiner Frau gegenüber, er schlüpft jedoch immer wieder ins fremde Bett. Sein neurotischer Gewinn ist, dass er 2 Frauen hat und nichts verändern muß, anstatt an sich und seiner Ehe zu arbeiten. Ist diese aber wirklich nicht mehr zu retten, sollte er beiden Frauen gegenüber fair sein, d. h. sich scheiden lassen, und bei seiner Geliebten bleiben. Er „braucht" dann keine Schuldgefühle mehr, aber vermutlich etwas mehr Geld.

* Maria will ausziehen, und ihre Mutter macht ihr deshalb Vorwürfe: „Ich habe ein schwaches Herz, wie Du weißt. Ich war immer für Dich da, und jetzt verläßt Du mich". Maria entgegnet: „Du meinst, deswegen dürfte ich nicht selbständig sein. Wenn Du mich brauchst, helfe ich Dir wie bisher." Die Mutter: „Du bringst mich damit um." Aber Maria kontert cool: „Willst Du mir noch etwas sagen, ehe Du dahingehst?" Die Mutter sah die Nutzlosigkeit der Manipulationsversuche ein, und wollte sich die Hilfe Ihrer Tochter auch nicht verscherzen.

* Angst vor „Versagen" ist häufig einfach die Angst vor Mißbilligung und Spott. In Bayern kann ein Kritikaster zu hören bekommen: „Woaßt wos, du konnst ma d'Schuah aufblosn!" Thomas A. Edison erfand erst nach jahrelangen Experimenten und vielen hämischen Kommentaren eine Glühlampe mit einem hochohmigen Kohlefaden und einer perfekten Vakuumversiegelung. Hätte er vorher aufgegeben, wäre die Menschheit noch länger im Dunkeln geblieben.

* Bitte überlegen Sie: können Sie mit ihren Sorgen überhaupt jemals das Geringste ändern? Und haben Ihnen Sorgen, die Sie sich im letzten Jahr gemacht haben, auch nur irgendeinen Nutzen eingebracht? Stellen Sie sich das Schlimmste vor, das Ihnen widerfahren kann, und wie groß ist die Wahrscheinlichkeit, dass es eintrifft?

* Identifizieren Sie genau, <u>wovor</u> Sie Angst haben, und <u>tun Sie eben das</u>, immer wieder – und die Angst stirbt einen sicheren Tod.

2. Etwas Neues anpacken

Rudi schwärmte Klaus vor: „Vor einigen Jahren, als ich noch allein war, unternahm ich eine klassische Ägyptenreise. Ich duckte mich in Gänge der Chefrenpyramide; dort war es eng, heiß und stickig, aber eben eine Pyramide. Wenn da einer umgefallen wäre! Der Sternenhimmel nachts in der Wüste wirkte einfach grandios und mittags sahen wir eine Fata Morgana. Da fiel mitten in der Wüste der Motor des Busses aus. Nach einiger Zeit des Wartens heckten wir eine Strategie aus: 1 Dame und 1 Mannsbild bildeten eine Gruppe, die Dame sollte Autostop machen, und wenn ein Wagen hielt, sollte auch das Mannsbild schnell hinter dem Busch hervorpreschen und mitfahren. Noch bevor ein Wagen vorbeikam, brachte der Fahrer den Bus zum Laufen; er war so alt, dass man durch die Löcher im Boden die Straße sah. Vor 2 Jahren unternahm ich mit meiner Frau eine Safari in der Serengeti. Du wirst es mir nicht glauben: ein Rudel „Baumlöwinnen" pennte zu Mittag auf einem großen Baobab, gerade mal 5 m entfernt, während die Jungen, von Fliegen geplagt, unten lagen. Nicht die von einigen behauptete bessere Sicht, sondern der Urin am Fuß des Baumes war der Grund für den Logenplatz der Alten. Danach fuhren wir weiter, und zwei Geparden sprangen auf unseren Tourenjeep mit 6 Sitz- / Stehplätzen und Dach. Einmal legte der Fahrer schnell den Rückwärtsgang ein, als ein Elefantenbulle auf uns losging; ich werde Dir nächstens Fotos davon zeigen." Klaus: „Woher hast Du bloß das Geld dafür? Hast Du im Lotto gewonnen? Ich muß den Wagen abbezahlen und die Raten für das Haus...." „Keineswegs, wir sparen während des Jahres etwas und machen tolle Reisen." Klaus: „Ich kann das Geld jetzt nicht entbehren, aber im Ruhestand werde ich auch einige Reisen machen." Rudi: „Verstehe, Du beginnst dann zu leben. Schorsch meinte auch: mit 66 Jahren, da fängt das Leben an, und fiel mit 67 vom Stangerl; er stand immer unter Streß und seinem Herzen bekam der Ruhestand wohl nicht gut. Jetzt sitzt Edith allein und im sprichwörtlichen emotionalen Loch. Wer wird sie da herausholen?" Manche Menschen leben nach der Devise: was du heute kannst besorgen, das verschiebe fix auf morgen. An einer Starnberger Hauswand las ich neulich: „Es gibt ein Leben vor dem Tod" - und sogar eines vor dem Ruhestand. Nächstens werde ich ihm lange Zähne mit meiner Reise auf eigene Faust durch halb Indien und meinem Flugabenteuer wegen der Vulkanasche des Eyjafejajöküll auf Island machen.

Kürzlich sah ich mir eine Sendung über den jüdischen Witz an. Tateleben (Vater) liegt am Sterbebett und all seine Sehne und Techter sind da: Reuben, Davidh, Schlomo, Jitzhak, Sara, Ruth, Mirjam und Elischewa. Da sagt Tateleben: „Ja und wer ist im Geschäft?"

Grien sagt zum Blau: „Wennste wirst gehn zu mein Geburtstag, wirste klopfen mit de Fieß". Blau: „Warum werd' ach klopfen mit de Fieß?" Grien: „No, weilste de Ärm wirst haben voller Geschenke!"

Meinungen und Tatsachen

Die Menschen verteidigen oft ihre Meinungen, als ob sie ein wertvoller Besitz wären - und wer Recht hat, zahlt a Maß, sagt man in Bayern. Nichts kostet uns im Leben so viel, wie Recht haben zu wollen. Daran zerbrechen Familienbande und Freundschaften. Ich erlebte einmal, dass 4 Erben erbittert um 220 € stritten. Ich rief einen von ihnen an, und versuchte ihm klarzumachen, dass allein die Anwaltskosten ein Vielfaches davon betragen. Zu meiner Überraschung drosch er auf den Tisch ein und brüllte auf schwäbisch: „Do got's ums Prinzip"!

Was ich damit sagen will, ist: Sie sollten genau analysieren, was bloß eine Meinung ist, und was Tatsachen sind, um nicht beides zu verwechseln. Dabei ist oft hilfreich, gerade die Ihrer Meinung widersprechenden Argumente zu betrachten. Die „anderen" werden Sie vielleicht gebrauchen, und Sie haben dann bereits gute Gegenargumente zur Hand – oder Sie sparen sich einen Streit, weil Sie erkannt haben, dass die Gegenseite Recht hat.

Ärger

Ärger entsteht aus der Frustration, dass die Umstände oder eine Person unsere Erwartungen nicht erfüllen. Aus dem Gedanken entspringt das entsprechende Gefühl, über Nervenbahnen veranlaßt es die Ausschüttung vor allem von Streßhormonen, und **wir** ärgern **uns,** wie es die Sprache richtig ausdrückt. Von diesem Zeitpunkt ab haben wir nicht mehr die Kontrolle über uns selbst, nein, wir geben jemand oder etwas Anderem die Macht, über unsere Gedanken, Gefühle und unser Handeln zu herrschen. Mancher gerät sogar „außer sich" (er ist nicht mehr bei sich). Herzschlag, Blutdruck und Atemfrequenz steigen an. Steht das dafür? Sie werden sagen, es sei doch besser, seinem Ärger Luft zu machen, als ihn in sich hineinzufressen. Richtig! Aber es gibt eine noch bessere Methode: Sie atmen ein paarmal tief durch und denken sich: „Will <u>ich</u> mich wegen so etwas schlecht fühlen? " Wenn Sie bereits beim Gedanken „Stop" sagen, kann er nicht über das Gefühl und die Endokrinologie den Körper nutzlos mit Streßhormonen überschwemmen. Sie bleiben dabei Herr der Lage und über sich selbst. Der neurotische Gewinn des Ärgers wäre, <u>andere</u> verantwortlich zu machen. Und ändert das auch nur ein Quentchen an den Fakten? – Aber Sie fühlen sich schlecht. Daher überlegen Sie das nächste Mal, ob <u>Sie</u> das überhaupt <u>wollen</u>!

Gewohnheiten

Mark Twain sagte darüber: „Gewohnheiten kann man nicht einfach aus dem Fenster werfen. Man muß sie die Treppe hinunterboxen, Stufe für Stufe." Damit hat er allzu Recht. Warum ist es so schwierig, Gewohnheiten zu ändern?

Das Gehirn eines Kindes ist stark formbar. Besonders in den ersten 5 - 10 Jahren, aber auch noch später, werden zahlreiche Verhaltensroutinen (Gewohnheiten) ausgebildet, damit man nicht ständig jede Einzelheit neu entscheiden muß, weil sonst das Gehirn völlig überlastet wäre; zwischen 30 und 50 % unserer Aktivitäten beruhen auf durch Konditionierung erworbenen Gewohnheiten. Diese entstehen in der Großhirnrinde, sinken aber immer tiefer in die sog. Basalganglien der ältesten Gehirnteile ab, und werden unbewußt, automatisiert, verinnerlicht, ‚eingefleischt'. Daher sind sie mittels des Verstandes allein nicht zu ändern. Bei Rauchern tritt die körperliche Abhängigkeit von einem bestimmten Nikotinspiegel hinzu, dessen Absinken Entzugserscheinungen auslöst. Sofern es im Lauf der Zeit gar zu einer psychischen Abhängigkeit kommt, liegt ein Suchtverhalten wie bei Drogen vor, das wohl professioneller Hilfe bedarf, um es sich abzugewöhnen. Wie die Grafik hierunter zeigt, folgen Gewohnheiten einem ganz bestimmten Schema, das es im Einzelfall zu ergründen gilt:

* Was ist der Auslöser, warum man zum Alkohol oder zur Zigarette greift? Es kann eine Uhrzeit, ein Ereignis oder ein Gefühl sein.

* Dann folgt die automatisierte Handlung wie das Anzünden der Zigarette.

* Nun kommt die Belohnung per Ausschüttung des Botenstoffes Dopamin.

* Schließlich wird eine bestimmte Handlung oder ein typisches Verhaltens-
  muster <u>routinemäßig</u> wiederholt: nach dem Aufwachen eine Zigarette zu
  oder nach dem Mittagessen ein Gläschen Schnaps zu kippen.

DER GEWOHNHEITEN-KREISLAUF

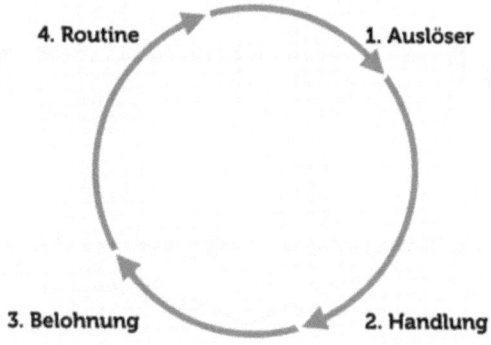

(Grafik aus „Karrierebibel")

3. Gewohnheiten ändern

Wie sich Gewohnheiten langsam aufbauen, funktioniert das Abgewöhnen nur langsam mit Arbeit, Ausdauer und Selbstdisziplin. Die Schritte zeigt die folgende Grafik. Dazu verfährt man zweckmäßigerweise folgendermaßen:

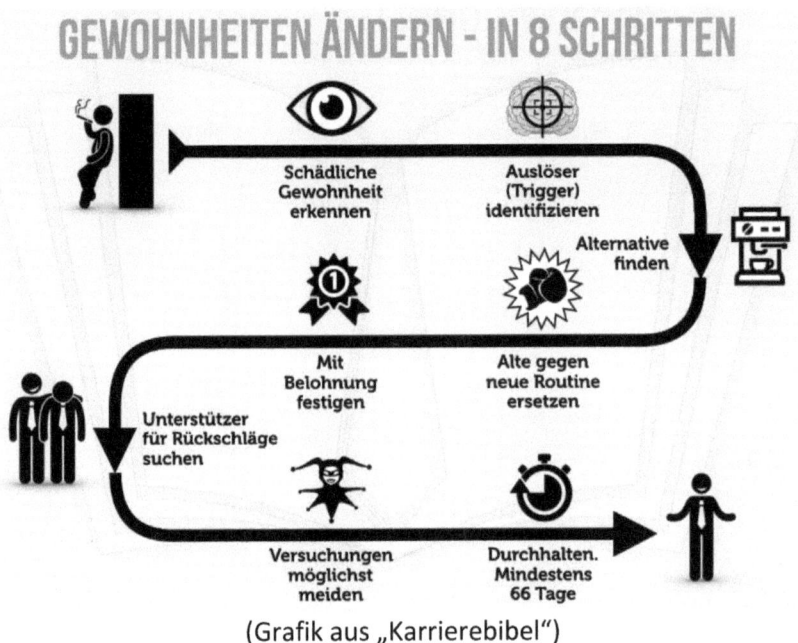

(Grafik aus „Karrierebibel")

* Erkennen und benennen Sie die schlechte Angewohnheit, die Sie sich ab- gewöhnen wollen Dann hören Sie SOFORT damit auf — ohne jede Aus- nahme, um keinen Rückfall zu riskieren; bei Alkoholikern reicht 1 Schluck!

* Sie müssen den/die Auslöser dafür erkennen , z. B. greifen Sie stets zu Schokolade, wenn Sie frustriert sind. Auslöser können Emotionen, be- stimmte Zeiten, Personen oder bestimmte Handlungen sein. Durch das Feststellen des Auslösers können Sie den Automatismus durchbrechen, und ihm bewußt eine Alternative entgegensetzen (s. nächster Punkt).

* Kauen Sie z. B. zuckerfreien Kaugummi, statt zu rauchen! Sie müssen die <u>Alternative gerne durchführen</u> und davon überzeugt sein, dass der Zweck <u>wichtig</u> und Ihr Vorsatz <u>richtig</u> ist.

* <u>Ersetzen Sie die schlechte Gewohnheit SOFORT durch eine bessere</u>, damit kein Vakuum entsteht. Der US-Psychologe Roy Baumeister hielt seinen Studenten keine langen Vorträge über ein gesünderes Leben, sondern ließ sie 2 Monate lang einfach Hanteln stemmen. Sie waren danach nicht nur fitter, sondern aßen auch gesünder, und tranken weniger Alkohol. Grund: wer bewußt auf eine Gewohnheit achtet, achtet auch auf sein sonstiges Verhalten.

* <u>Belohnen Sie alle, auch kleine Erfolge!</u> Dann lernt Ihr Unbewußtes, daß sich die neue Gewohnheit lohnt („positive Konditionierung").

* <u>Suchen Sie Unterstützer!</u> Sie fühlen sich dann durch andere beobachtet. Es schafft hilfreichen sozialen Druck, bringt evtl. Feedback und Anfeuerung (vgl. die Gruppen der „Anonymen Alkoholiker").

* <u>Vermeiden Sie Versuchungen!</u> Verbannen Sie alles, was zu <u>unerwünschten</u> Routinen verführt (Süßes, Zigaretten, Alkohol). Der Volksmund sagt: „Der Affe sieht's, der Affe tut's.

* <u>Disziplin üben und dranbleiben</u>: zur Änderung von Gewohnheiten benötigt man Zeit und Geduld, so wie diese nicht von heute auf morgen entstanden sind. Wenn Sie schon eine gewisse Zeit durchgehalten haben, wäre es doch jammerschade, damit aufzuhören. Sofern Sie für Ihr Vorhaben die richtig <u>Motivation</u> besitzen (ich will, um mich besser zu fühlen und etwas für die Gesundheit zu tun), halten Sie auch durch. Tröstlich dabei ist: mal den einen oder anderen Tag zu schlampen, funktioniert trotzdem, wenn Sie Ihr Ziel nur fest im Auge behalten. Nach etwa <u>66 Tagen</u> (im Durchschnitt) hat sich die neue Gewohnheit etabliert (so eine Studie des University College, London).

* Ändern Sie nie mehr als 1 Gewohnheit zur gleichen Zeit! Unterteilen Sie große Ziele in kleine Schritte – und belohnen sie jeden Erfolg. Gutes Gelingen!

Interessanterweise empfehlen Psychologen noch eine ganz andere Technik, die <u>Methode des bewußten Nachvollzugs, nämlich</u> die Gewohnheit aus dem unbewußten Automatismus wieder in eine bewußte Handlung zu verwandeln. Wer sich z. B. das Nägelkauen abgewöhnen will, soll ganz bewußt ½ Stunde Nägel kauen. Wer diese Handlung nur oft genug wiederholt, um sich der Unart peinlich bewußt zu werden, dem wird sie, ja bereits der Gedanke daran, zuwider werden.

Ein Wundermittel

Liebe Leser, in diesem Kapitel verrate ich Ihnen ein Wundermittel, das dazu außer einem Anstoß Ihrerseits <u>nichts</u> kostet, aber Wunder wirken kann: <u>das Lob.</u> Der amerikanische Psychologe William James stellte fest: „Der stärkste Trieb der menschlichen Natur ist das Streben nach Anerkennung." Jeder hat von Natur aus das Bestreben, wichtig zu sein, anerkannt und bewundert zu werden. Eine Mitarbeiterin sagte mir einmal: „Sie loben zu wenig." Nach meiner Auffassung gab meine Vertreterin im Unterricht bei Übungsarbeiten zu viele gute Noten. Aber dann bemerkte ich ihre pädagogische List: die Azubis, meist Mädchen, lernten freiwillig wie die Wilden, um diese „Droge" zu bekommen. In einem Versuch wollte man die Wirkung psychischer Faktoren auf die Schulleistungen von Kindern untersuchen. Zuerst sagte man ihnen, der Test sei gerade für sie leicht. Die Folge waren überdurchschnittliche Leistungen. In einem 2. Versuch erklärte man derselben Gruppe, dieses Mal sei die Aufgabe schwierig, und der Versuchsleiter befürchte, dass sie schlecht abschneiden würde. Prompt wurden deutlich schlechtere Ergebnisse erzielt. Beide Tests hatten jedoch objektiv denselben Schwierigkeitsgrad. Der Unterschied war, dass man erst das Selbstwertgefühl der Kinder „streichelte", aber beim 2. Mal drückte.

Fazit: Auf lange Sicht werden Menschen das, wie man sie schon jetzt behandelt. Erkennen Sie <u>ordentliche</u> Arbeit an; der frühere Grundsatz „Ned g'schimpfd is scho g'lobd gnua" war mit Sicherheit falsch. Aber lassen Sie auch Schmeicheleien bleiben: die Klügeren durchschauen sie schnell, und Sie würden unglaubwürdig! Bei richtig dosiertem Lob haben Mitarbeiter

Freude an der Arbeit, leisten mehr - und Sie gelten als netter Kerl. Vom früheren Bundestrainer Herberger, unter dem die deutsche Mannschaft anno 1954 Fußballweltmeister wurde, sagte man, er könne jeden Spieler so motivieren, dass er sich als der beste auf dem Platz fühlte. Der Erfolg gab Herberger Recht. Das Geheimnis des Erfolges von Prinz Radziwill bei Frauen war, dass sich jede so fühlen konnte, als sei sie die einzige auf der Welt – sagte eine von ihnen.

Die Beachtung dieses tiefverwurzelten unbewußten Bedürfnisses muß wirklich zur Grundlage für Ihre Behandlung anderer Menschen werden – immer und unter allen Umständen, da sie ein wesentlicher Schlüssel zum Erfolg ist; sie brauchen es! Wieso hatte Apple so großen wirtschaftlichen Erfolg? Weil Steve Jobs die Menschen fragte, welche Wünsche sie an die „Fähigkeiten" eines Telefons der Zukunft hätten – und es dann in die Tat umsetzte: genau das war die Geburtsstunde des smartphone.

Das Kontrastprogramm dazu bildet Kritik, die keiner gern hört, außer er wäre ein Masochist. Wie notwendige Kritik anzubringen ist, haben wir schon früher erörtert. Wenn sich jemand aber anschickt, dem anderen im Brustton der Überzeugung mit dem entsprechenden Drumherum „die Wahrheit zu sagen", kann er einen Feind gewinnen, weil das die meisten nicht vertragen, selbst wenn es die Wahrheit ist. Der Ton macht bekanntlich die Musik. Daran merken auch Hunde die Stimmung ihres Herrchens oder Frauchens, obwohl sie bis auf einige Worte kein Deutsch verstehen.

Aggressivität

1. Ursachen und drei Beispiele aus unserer Zeit

Trump wollte unbedingt eine 2. Präsidentschaft gewinnen, und schreckte sogar vor der schlecht verhüllten Aufforderung seiner Anhänger zu Putsch und Aufruhr nicht zurück. Putin führte 2 möderische Kriege gegen Tschetschenien (schon 1944 verbrannte oder erschoß der NKWD dort 700 Alte, Frauen und Kinder in einer Scheune). Er schürte mit ‚Marsmännchen' (russischen Soldaten ohne Kennzeichen in grünen Uniformen) sowie Waffen einen Bürgerkrieg im Donbas und annektierte die Krim. Sein abnormes Geltungsbedürfnis zeigte sich 2012, als er wieder mal den „großen Anführer" spielte, und in weißer Montur einen Deltaplan steuerte, um ausgewilderte Kraniche das Fliegen zu lehren (!) Dabei wurde der Leitvogel getötet. Dies berichtete „The Guardian" am 07.09. 2012 und veröffentlichte ein Foto dazu. Haben Präsidenten, die sich so verhalten, noch alle Tassen im Schrank?

Beide besitzen eine überbordende Bestätigungssucht (siehe dazu den diesbezüglichen Artikel weiter vorn). Nach Aussagen namhafter Psychologen steckt hinter jeder Aggression das enttäuschte Versagtbleiben einer Erwartung oder die andauernde Nichterfüllung eines Bedürfnisses. Die Aggressionen Hitlers sind neben seiner Überheblichkeit (die bereits bei seinem Vater zu beobachten war) auch auf die Verprügelung und Nichtanerkennung durch diesen zurückzuführen, doch können selbstverschuldete Defizite an Selbsterziehung und Persönlichkeitsbildung bei Erwachsenen nicht als Entschuldigung für die frustrationsbedingten Aggressionen von Diktatoren dienen.

Manchmal scheint es klüger, nicht gleich abzulehnen: die CSR unterdrückte die deutsche Minderheit erheblich und Hitler forderte den Anschluß des Sudetenlandes an das Deutsche Reich. Lord Runciman hatte es bereits als Völkerbundsbeauftragter vorgeschlagen und Präsident Benesch akzeptiert. England, Frankreich und Mussolini versäumten aber, Benesch das Münchner Abkommen vom Herbst 1938 mitunterzeichnen zu lassen, die Souveränität der CSR und anderer Staaten (Polens) zu garantieren, und in einem Zusatz grobe Verletzungen zum Kriegsgrund zu erklären. Weil sie diese Garantie für Polen erst nach der vertragswidrigen Zerschlagung der CSR abgaben, glaubte Hitler nicht, dass es dem für dekadent gehaltenen Westen Ernst sei, und biß in den Teppich, als England und Frankreich Deutschland den Krieg erklärten. Warnungen wirken nur, wenn man ihnen glaubt. Die Drohung eines Aggressors, einer Minderheit, von Organisationen oder Personen darf man nie zulassen, sondern muß ihr unverzüglich entgegentreten: principiis obsta! Die Weltgeschichte wäre anders verlaufen, hätte man Hitler rechtzeitig und glaubhaft gestoppt.

In den USA schwelen ständig Frustrationen der Farbigen und Latinos wegen Unterprivilegierung und Unterdrückung durch die Staatsgewalt; nach Übergriffen brechen Unruhen aus. Südafrikas Mandela hatte mehr Erfolg.

In Unternehmen führen Wettbewerb und Erfolgsdruck zu viel Frustration, zu Machtkämpfen, aber auch zu innerer Kündigung, Magengeschwüren, Herzinfarkten, Depressionen, zu Nervenzusammenbrüchen – und Alkoholismus zahlreicher Führungskräfte infolge der Belastung.

Auch bei Ehekonflikten kann Aggressivität eine maßgebliche Rolle spielen. Unglückliche Ehen sind meistens Ergebnis tiefgehender Enttäuschungen. Konfliktauslösend wirken frustrationsbedingte offene oder ins Unbewußte verdrängte Aggressionen, die als übertriebene Empfindlichkeit, Nörgelei, schlechte Laune, Eifersucht, Wutausbrüche, Verbitterung oder unverhohlene Feindseligkeiten in Erscheinung treten, und den Partner verletzen, worauf dessen Frustration zu aggressiven Reaktionen führt.

Es ist daher das Gebot der Stunde, Frustrationen womöglich im Keim zu ersticken oder zu vermindern; denn mit der Frustration wird auch die Aggression beseitigt.

2. Mittel gegen Frustration und Aggression

* Drängen Sie andere nicht in die Ecke, oder ärgern Sie sie nicht, nur um Ihren Frust loszuwerden. Mit Schweigen lassen sich Widerspruch und Streit vermeiden. Vor allem darf man niemals das Selbstwertgefühl anderer beeinträchtigen. Ich würde mir Derartiges so lange merken wie ein Elefant.

* Lassen Sie anderen so viel Freiheit wie möglich, ohne ihnen Ihren Willen aufzuzwingen. Ich reagiere auf Derartiges sauer, weil ich kein Sklave bin.

* Begründen Sie Einschränkungen immer sachlich und so plausibel wie möglich, damit sie akzeptiert werden. Verbinden Sie ablehnende Entscheidungen mit einem Ersatzangebot.

* Haben Sie Grund für eine Frustration gegeben, empfiehlt sich eine offene Entschuldigung, erst recht nach einer verletzenden Äußerung. Bei passender Gelegenheit sollten Sie den Betreffenden taktvoll positiv hervorheben.

* Fühlen Sie selbst Aggressivität in sich, leben Sie sie in Form nützlicher Aktivitäten aus: das sublimierte, in Dynamik umgesetzte Potential der Aggression kann ungeahnte Energien freisetzen.

Mimosen

Das sind recht zarte Blüten, die sich an der französischen Riviera bereits im Februar öffnen. Es gibt aber auch genug Menschen, die man damit vergleichen kann, weil sie sich schnell kränken. Sich ärgern, sich kränken — merken Sie, wie die Sache läuft? Gekränkte Überempfindlichkeit richtet sich nach innen und wächst sich zu Selbstmitleid aus, einer chronischen, negativen Gemütsverfassung, die um Mitgefühl der Mitmenschen bettelt. Diese Auswirkung gekränkter Gefühle kann bis zur Verbitterung führen. Wer solche Gefühle am Leben hält, schwelgt im wiederholten Neuerleben einer schmerzhaft empfundenen Erfahrung der Vergangenheit. Gekränktsein stellt eine schädliche Abwehrreaktion auf die wirkliche oder vermeintliche Verletzung unseres kostbaren Selbstwertgefühls oder unserer Person dar.

Bernard Baruch, „König der Wallstreet" genannt, beriet Churchill und 6 US-Präsidenten, und machte seine Geschäfte am liebsten auf einer Parkbank im New Yorker Lafayette-Park gegenüber dem Weißen Haus. Er meinte: „Kein Mensch kann mich je demütigen oder verletzen. Ich gestatte es ihm nicht." Dwight D. Eisenhower, Oberkommandierender Atlantik im 2. Weltkrieg und späterer Präsident der USA, riet, keinen Gedanken an jemand zu verschwenden, den man nicht leiden kann, und der französische Philosoph de Montaigne stellte fest: „Ein Mensch wird nicht so sehr verletzt durch das, was ihm zustößt, als vielmehr durch seine Ansicht über das, was ihm zustößt."

Was können Sie nun gegen Gekränktsein tun?

* Schaffen Sie sich ein dickeres Fell an, und ignorieren Sie eine Kränkung!

* Statt in Gedanken stets um das eigene Ich zu kreisen, können Sie aus diesem Teufelskreis ausbrechen, indem Sie in sozialer Hinsicht tätig sind, und anderen, denen es schlechter geht als Ihnen, etwas Gutes tun.

* Lenken Sie sich von Negativem ab, und beschäftigen Sie sich im Denken und in Taten mit etwas Positivem, was Ihnen Freude macht.

* Wenn Sie sich beruhigt haben, versuchen Sie sich in den Kränkenden zu versetzen. Glaubte er vielleicht, oder hatte er wirklich Gründe für sein Verhalten, das Sie als Kränkung empfanden? Seien Sie ehrlich und möglichst objektiv. Sie werden entdecken, dass in den meisten Fällen Sie selber den Anlaß dazu gegeben haben. Hand aufs Herz!

Probleme

Es gibt Meister in der Kunst, Probleme vor sich herzuschieben, bis sie ihnen über den Kopf wachsen. Es gibt auch Perfektionisten, die nach der „perfekten", der „einzig möglichen" Lösung suchen, und vor lauter Suchen auf die Verwirklichung vergessen. Aber das Leben präsentiert die ungelöst gebliebenen Probleme immer wieder, solange, bis sie gelöst werden. Von Clausewitz formulierte in seinem Buch „Vom Kriege" die allgemein gültige Maxime: „Unterlassen und Versäumnis belasten schwerer als eine falsche Wahl der Mittel." Problemen (und Gefahren) muß man sich stellen; ausweichen oder ignorieren schafft sie nicht aus der Welt.

Es gibt nur eine wirkliche Möglichkeit, mit Problemen aufzuräumen:

* eine <u>geeignete</u> Lösung zu suchen und zu finden,

* <u>eine</u> geeignete Lösung ist ausreichend,

* und diese Lösung zu <u>verwirklichen</u>.

Statt eines Nachworts

Liebe Leserinnen und Leser! Danke, dass Sie mir bis hierhin gefolgt sind. Rabbi Hillel formulierte vor über 2000 Jahren als Maxime seiner Ethik die sog. „Goldene Regel": „Was Du hassest, dass man Dir tue, das tue anderen nicht an!" Über das Gute und Richtige sagte Erich Kästner einmal: „Es gibt nichts Gutes, außer man tut es." Nun bleibt mir nur noch übrig, Ihnen bei der Umsetzung des Gelesenen viel Erfolg zu wünschen.

Quellennachweis/Leseliste

Wikipedia-Artikel zu verschiedenen Stichworten

Scheidungsstatistik vom Bundesamt für Statistik

Grafik zu Scheidungsquote von „Statista 2021"

Grafik zur Untreue von „businessinsider 2020"

Grafiken zu Gewohnheiten von „Karrierebibel"

Ines Daun „Lieber lange lieben", Eden Books 2018

Virginia Satir „Selbstwert und Kommunikation", Klett-Cotta, 20. Aufl. 2011

William A. Miller „Der Goldene Schatten", Heinrich Hugendubel Verlag, 1994

Wayne W. Dyer „Der wunde Punkt", rororo 7384, 97. – 108. Tausend, 1986

M. R. Kopmeyer „Persönlichkeitsbildung", Ariston Verlag Genf, Lizenzausgabe Weltbild Verlag Augsburg, 1995

Bibel, Veden, Upanishaden, Mahabharata

Dr. J. Murphy „Die Macht Ihres Unterbewußtseins", Ariston Genf, 38. Aufl. 1987

Dr. Dr. Klaus Thomas „Praxis des Autogenen Trainings", G.-Thieme-Verlag 1989

Sigmund Freud „Zur Psychopathologie des Alltagslebens", Fischer-Bücher Nr. 68

Jasper Caven „Hungerstoffwechsel, Raus aus der Abnehmfalle", omos media GmbH 2018

„Schlank in 21 Tagen", Online Solutions LLC, Cheyenne, WY 82001, 1. Aufl. 2018